高校入試実戦シリーズ

実力判定テスト10 改訂版

英語
偏差値60

※解答用紙はプリントアウトしてご利用いただけます。弊社
HPの商品詳細ページよりダウンロードしてください。

目　次

この問題集の特色と使い方 ……………………………………………………… 3

問題編

第1回 ……………………………… 6

第2回 ……………………………… 10

第3回 ……………………………… 16

第4回 ……………………………… 22

第5回 ……………………………… 30

第6回 ……………………………… 34

第7回 ……………………………… 40

第8回 ……………………………… 48

第9回 ……………………………… 56

第10回 ……………………………… 62

解答・解説編

第1回 ……………………………… 70

第2回 ……………………………… 73

第3回 ……………………………… 78

第4回 ……………………………… 82

第5回 ……………………………… 87

第6回 ……………………………… 91

第7回 ……………………………… 95

第8回 ……………………………… 100

第9回 ……………………………… 106

第10回 ……………………………… 111

解答用紙 ……………………………………………………………………… 116

この問題集の特色と使い方

☆本書の特長

　本書は，実際の入試に役立つ実戦力を身につけるための問題集です。いわゆる“難関校”の，近年の入学試験で実際に出題された問題を精査，分類，厳選し，全10回のテスト形式に編集しました。さらに，入試難易度によって，準難関校・難関校・最難関校と分類し，それぞれのレベルに応じて，『偏差値60』・『偏差値65』・『偏差値70』の3種類の問題集を用意しています。

　この問題集は，問題編と解答・解説編からなり，第1回から第10回まで，回を重ねるごとに徐々に難しくなるような構成となっています。出題内容は，特におさえておきたい基本的な事柄や，近年の傾向として慣れておきたい出題形式・内容などに注目し，実戦力の向上につながるものにポイントを絞って選びました。さまざまな種類の問題に取り組むことによって，実際の高校入試の出題傾向に慣れてください。そして，繰り返し問題を解くことによって学力を定着させましょう。

　解答・解説は全問に及んでいます。誤答した問題はもちろんのこと，それ以外の問題の解答・解説も確認することで，出題者の意図や入試の傾向を把握することができます。自分の苦手分野や知識が不足している分野を見つけ，それらを克服し，強化していきましょう。

　実際の試験のつもりで取り組み，これからの学習の方向性を探るための目安として，あるいは高校入試のための学習の総仕上げとして活用してください。

☆問題集の使い方の例

①指定時間内に，問題を解く

　必ず時間を計り，各回に示されている試験時間内で問題を解いてみましょう。

②解答ページを見て，自己採点する

　まず1回分を解き終えたら，本書後半の解答ページを見て，自分自身で採点をしましょう。

　正解した問題は，問題ページの□欄に✓を入れましょう。自信がなかったものの正解できた問題には△を書き入れるなどして，区別してもよいでしょう。

　配点表を見て，合計点を算出し，記入しましょう。

③解説を読む

特に正解できなかった問題は，理解できるまで解説をよく読みましょう。

正解した問題でも，より確実な，あるいは効率的な解答の導き方があるかもしれませんので，解説には目を通しましょう。

うろ覚えだったり知らなかったりした事柄は，ノートにまとめて，しっかり身につけましょう。

④復習する

問題ページの□欄に✓がつかなかった問題を解き直し，全ての□欄に✓が入るまで繰り返しましょう。

第10回まで全て終えたら，後日改めて第1回から全問解き直してみるのもよいでしょう。

☆問題を解くときのアドバイス

◎試験問題を解き始める前に全問をざっと確認し，指定時間内で解くための時間配分を考えることが大切です。一つの問題に長時間とらわれすぎないようにしましょう。

◎かならずしも大問①から順に解く必要はありません。得意な形式や分野の問題から解くなど，自分なりの工夫をしましょう。

◎問題文を丁寧に読みましょう。「あてはまらないものを選びなさい」や「全文書きなさい」など，重要な部分は線を引いたり○で囲んだりして，確認しましょう。

◎時間が余ったら，必ず見直しをしましょう。

☆各問題形式のアドバイス

●長文読解

①語注がある場合は，長文を読み始める前に日本語訳に目を通すと，内容理解のヒントになります。

②長文を読む前に，問題を読んでおく方が効率のよい場合もあります。

③文中にわからない単語が出てきてもこだわらず，前後の文からだいたいの意味を推測し，読み進めましょう。

④重要な部分に線を引いたり，単語を○で囲んだりしながら読んでいきましょう。

●並び換え問題

①肯定文・否定文・疑問文のどれになるか，確認しましょう。

②主文の動詞を決めましょう。

③動詞に合う主語を見つけましょう。

④残った語句を，意味の通るまとまりにしていきましょう。

　（例）〈to ＋動詞の原形〉，〈前置詞＋名詞／動名詞〉など

⑤使った語句には線を引いていき，単語の使い忘れや重複使用を防ぎましょう。

●語句変化問題

①問われている単語の前後だけでなく，文全体の意味を把握しましょう。

②問われている単語の品詞が何なのか確認しましょう。

　（例）動詞の場合は，時制や態，不定詞，動名詞，分詞に注意しましょう。

　　　　形容詞の場合は，比較級・最上級になる場合が多いです。

　　　　名詞の場合は，単数形・複数形に注意しましょう。

☆過去問題集への取り組み

　ひととおり学習が進んだら，志望校の過去問題集に取り組みましょう。国立・私立高校は，学校ごとに問題も出題傾向も異なります。また，公立高校においても，都道府県ごとの問題にそれぞれ特色があります。自分が受ける高校の入試問題を研究し，対策を練ることが重要です。

　一方で，これらの学習は，高校入学後の学習の基にもなりますので，入試が終われば必要ないというものではありません。そのことも忘れずに，取り組んでください。

　頑張りましょう！

60

第1回

出題の分類

①	長文読解	④	語形変化
②	会話文読解	⑤	語句整序
③	アクセント		

時　間：５０分
目標点数：８０点

▶ 解 答・解 説 は Ｐ.７０

1回目	／100
2回目	／100
3回目	／100

１ 次の英文を読んで，あとの各問いに答えなさい。

Once upon a time, all the animals in the forest got together and decided to create a school. They sat down together to write a curriculum, and ①(1　about　　2　in　3　talked　　4　teach　　5　to　　6　what) the school.

The rabbit was a great runner, so he said that we should learn running. The bird loved to fly, so she said that flying should be taught. The fish lived in water, so he wanted (　②　) to be a school subject. The monkey lived in the trees, so she said that we should have a class on tree-climbing.

All of the other animals wanted their special skills to be taught. They put these in the curriculum, too. Then, they made ③the mistake of making all the animals study all the courses in the curriculum.

The rabbit was a great runner. But the other animals told him that he should learn to fly. So, they put him high up in a tree and told him to jump. The poor rabbit fell to the ground and broke his leg. So, he could *no longer run well. He got a bad grade in running.

The bird was sure that she'd get a good grade in flying class. (　④　), the other animals told her that she should learn to dig a hole in the ground like a *gopher. While she was digging the hole, she broke one of her wings, so she could no longer fly well.

The (　⑤　) thing happened with all the other animals. At the end of the school *term, half of the animals were injured and the other half were physically and mentally tired. The top student with the best grades was an *eel who wasn't particularly good at any subject but who could do almost everything *to some extent.

What's the point of this story? It tells us that young people have their own special *abilities (　⑥　) they should be proud of. It means that a role of schools is to find the unique abilities of each learner.

(注)　no longer　もはや〜でない　　gopher　もぐら　　term　(学校の)学期　　physically　身体的に
eel　ウナギ　　to some extent　ある程度　　abilities　能力

☐　問１　下線部①の(　　　)内の語を並べ換えて次の日本語に合う英文にするとき，(　　　)内で３番目と５番目にくるものとして最も適切な組み合わせを次のうちから選び，記号で答えなさい。

「その学校で何を教えるべきかについて話しあった。」
　ア　5－2　　イ　5－3　　ウ　6－3　　エ　6－4　　オ　6－5

□　問2　本文中の（②）に入る最も適切なものを次のうちから選び，記号で答えなさい。
　　ア　eating　　イ　jumping　　ウ　reading　　エ　speaking
　　オ　swimming

□　問3　下線部③ the mistake の内容として最も適切なものを次のうちから選び，記号で答えなさい。
　　ア　多くの動物が集まって学校を設立したこと
　　イ　一部の動物の特技だけをカリキュラムに組み入れたこと
　　ウ　全ての動物が全てのコースを学ばなければならないこと
　　エ　ウサギが木の上から飛び降り，怪我をしたこと
　　オ　現実の学校では各個人の能力を引き上げる努力をしていないこと

□　問4　本文中の（④）に入る最も適切なものを次のうちから選び，記号で答えなさい。
　　ア　Because　　イ　However　　ウ　So　　エ　Then　　オ　When

□　問5　本文中の（⑤）に入る最も適切なものを次のうちから選び，記号で答えなさい。
　　ア　different　　イ　easy　　ウ　happy　　エ　interesting　　オ　same

□　問6　本文中の（⑥）に入る最も適切なものを次のうちから選び，記号で答えなさい。
　　ア　what　　イ　which　　ウ　who　　エ　whom　　オ　whose

□　問7　本文の内容と一致するものを次のうちから1つ選び，記号で答えなさい。
　　ア　All the animals enjoyed learning various skills in the school.
　　イ　The rabbit wanted running to be a subject, but it wasn't in the curriculum.
　　ウ　The bird got a good grade in flying class after she broke one of her wings.
　　エ　The eel was the top student though he didn't have any special skills.
　　オ　The point of school is that we should get a good grade in all subjects.

2　次の英文は，アメリカから来ている留学生のナンシー（Nancy）と友達の健（Ken）の対話です。これを読んで，あとの各問いに答えなさい。

Nancy : Do you often go to art museums, Ken?

Ken　 : Yes, I do.　│　A　│

Nancy : When I was in New York, I often went to the art museums.　There were a lot of pictures.　Some famous artists（　①　）them.

Ken　 : That's good.　Have you ever been to the art museums in Japan?

Nancy : No, I haven't.　Are there any art museums in this city, *Yumenomori?

Ken　 : Yes, there are.　I know two art museums.　（　②　）Now at the big art museum we can see some pictures of *van Gogh.

Nancy : Oh, really?　I want to go and see them.　│　B　│

Ken : Yes. But I think the small art museum is also good.

Nancy : Does the small one have good pictures, too?

Ken : Yes. There were many pictures painted by students. Those pictures are as good as van Gogh's pictures. You can see my picture there.

Nancy : Oh, your picture! I want to see ③it. Let's go to the small ④one.

Ken : All right.

Nancy : | C |

Ken : By bus. We can get on the bus in front of our school gate.

Nancy : OK. Let's go!

　（注）　Yumenomori　夢の森(市)　　　van Gogh　ヴァン・ゴッホ(オランダの画家)

□　問1　本文中の　A　～　C　に入る最も適切な文の組み合わせを次のうちから選び，記号で答えなさい。

　　ア　A　How about you?　　　　　　B　How can we go there?
　　　　C　Can we go there today?

　　イ　A　How can we go there?　　　B　Can we go there today?
　　　　C　How about you?

　　ウ　A　How about you?　　　　　　B　Can we go there today?
　　　　C　How can we go there?

　　エ　A　Can we go there today?　　　B　How about you?
　　　　C　How can we go there?

□　問2　本文中の(①)に入る最も適切なものを次のうちから選び，記号で答えなさい。

　　ア　paint　　　イ　painted　　　ウ　were painted　　　エ　are painting

□　問3　本文中の(②)に入る最も適切な英文を次のうちから選び，記号で答えなさい。

　　ア　One is big and other is small.
　　イ　One is big and the other is small.
　　ウ　The one is big and other is small.
　　エ　The one is big and the other is small.

□　問4　下線部③と④の示すものとして，最も適切な語句の組み合わせを次のうちから選び，記号で答えなさい。

　　ア　③ Ken's picture　　　　　　④ art museum
　　イ　③ Gogh's picture　　　　　　④ art museum
　　ウ　③ the small art museum　　　④ Ken's picture
　　エ　③ the big art museum　　　　④ Gogh's picture

□　問5　本文の内容と一致するものを次のうちから選び，記号で答えなさい。

　　ア　留学生のナンシーは，日本の美術館をしばしば訪れている。

　　イ　ニューヨークの美術館では，健が描いた絵を見ることができる。

ウ　夢の森市にある大きな美術館には, ゴッホが描いた絵が常に展示されている。

エ　夢の森市にある小さな美術館には, 生徒たちが描いた多くの絵が展示されている。

3　次の(1)・(2)において, 最も強く発音する部分が他と異なるものをそれぞれ選び, 記号で答えなさい。

☐　(1)　ア　vil-lage　　　イ　rack-et　　ウ　dol-phin　　エ　bor-row

　　　　オ　a-broad

☐　(2)　ア　con-ven-ience　　イ　e-ras-er　　ウ　fes-ti-val　　エ　to-geth-er

　　　　オ　ba-nan-a

4　次の英文の(　　)内の語を適切な形にしなさい。

☐　(1)　Put three (knife) into the box.

☐　(2)　I went (shop) with my brothers.

☐　(3)　Did she buy the book (write) by Yasunari?

☐　(4)　Thank you for (come) to my wedding.

☐　(5)　These books are (he).

5　日本文を参考にして正しい英文になるように(　　)内の語を並べ換え, (　　)内で 3 番目と 6 番目にくるものをそれぞれ選び, 番号で答えなさい。(文頭にくる語も小文字で書かれている)

☐　(1)　私は生まれてから一度も北海道に行ったことがありません。

　　　I (1　Hokkaido　　2　have　　3　been　　4　was　　5　since　　6　to

　　　7　never　　8　I　　9　born).

☐　(2)　彼女が英語で手紙を書くのは難しいことではありません。

　　　It (1　in　　2　write　　3　for　　4　not　　5　difficult　　6　her

　　　7　to　　8　letters　　9　is) English.

☐　(3)　チョコレートケーキを一切れいかがですか。

　　　(1　you　　2　a　　3　chocolate　　4　would　　5　like　　6　piece

　　　7　cake　　8　of)?

☐　(4)　これがそのとき私たちが考えることができたベストなプランでした。

　　　(1　the　　2　best plan　　3　this　　4　was　　5　could　　6　think

　　　7　we　　8　of) then.

☐　(5)　彼はこのクラスで泳ぐのが一番速いです。

　　　(1　swim　　2　faster　　3　student　　4　any　　5　than　　6　he

　　　7　can　　8　in　　9　other) this class.

出 題 の 分 類

1　長文読解　　　4　語句補充
2　長文読解　　　5　語句整序
3　アクセント

▶ 解 答・解 説 は P.73

時　　間：50分
目標点数：80点

1回目　　／100
2回目　　／100
3回目　　／100

1　3D プリンターや，新しく開発中の物質に関する次の英文を読んで，あとの各問い
に答えなさい。

Recently we have *invented printers which print real *objects from computer designs. Now they can even print objects with moving parts. *Instead of making things like sports shoes and phones in factories and ①(send) them to other countries, companies may sell designs for them. People will buy the designs and print the products at *local 'object printing shops', or even at home.

Object printing will be great for small products, but what about making something big, like a car? In 2010, visitors to a car show in Los Angeles ②(show) a very different way to make cars. There were *extraordinary designs for cars ③(make) from *extra-1ight and extra-strong *materials. The most surprising idea was the Maybach DRS: ④a future car which will make itself from living materials. It will grow like a plant!

If we can invent living materials, they will get energy from the sun in order to grow. Scientists will develop special ways to 'tell' these materials to grow into the parts of a car, or something else. Slowly the parts will appear, like fruit growing on a tree. Instead of sending heavy metal car parts in ships, companies will buy and sell the information that they need to grow the different parts.

When we throw away living materials, *bacteria in the ground will break them down into pieces － they will not produce any *rubbish or pollution. In the future, people may want to grow many different products, like chairs and houses. Living materials are still just an idea : we have not made them yet. But one day, our factories may turn into farms!

Imagine a world where products change when we want them to! It sounds like something from a Hollywood film, but a lot of people are studying this idea in universities around the world. They think that one day, millions of *nanobots will join together and make themselves into objects at home. ⑤Each （ア　our eyes イ　nanobot ウ　for エ　small オ　too カ　to キ　will be ク　see）. ⑥The objects will change when we want them to : computers will tell the nanobots to move and become a different shape. If this happens one day, we will not need to throw anything away. If there is an object that we do not need, we will make it into something else.

Imagine a desk which becomes a chair when you do not need to work, or a coat which gets longer when it rains. It sounds impossible, but some scientists believe that it will happen in fifty to a hundred years!

(注)　invent　～を発明する　　object　物体　　instead of　～の代わりに　　local　現地の

extraordinary　並外れた　　extra　普通以上に　　material　物質・素材

bacteria　バクテリア　　rubbish　廃棄物

nanobot　ナノボット（微小工学を利用して作られる顕微鏡で判別できるくらいの非常に小さなロボット）

□　問1　①②③の（　　）内の動詞をふさわしい形に変えなさい。2語になる場合もある。

□　問2　下線部④はどのようなものか。最も適するものを次のうちから選び，記号で答えなさい。

　　ア　自由自在に形を変えることができる次世代の車

　　イ　外国ではなく，住んでいる地域で作られる次世代の車

　　ウ　小さな模型をもとに作られる次世代の車

　　エ　生き物のように自ら成長していく次世代の車

□　問3　下線部⑤が，「それぞれのナノボットは，私たちの目には小さすぎて見えないだろう。」という意味になるように，（　　）内の語（句）を並べ換えたとき，（　　）内で3番目と5番目にくるものを記号で答えなさい。

□　問4　下線部⑥の具体的な製品の例を本文中より2つ探し，それぞれ15字前後の日本語で答えなさい。

□　問5　本文の内容と一致するものを次のうちから2つ選び，記号で答えなさい。

　　ア　If we use object printing, we can make not only cars but also houses to live in.

　　イ　We do not need to send heavy car parts if living materials will be invented.

　　ウ　Living materials will eat all bacteria in the ground, and produce no rubbish.

　　エ　We have already invented living materials, so we can use them anytime.

　　オ　The author watched a Hollywood movie, and got the idea of making living materials from it.

　　カ　Some scientists believe that we will be able to change an object into another one in the future.

□ 問6　本文の表現を参考に下線部を英語に直しなさい。ただし，（　　）内の語数で書くこと。

Ken ：How about going out for a dinner tonight?

David ：(ア)それはいい考えに聞こえるね。（　6語　）.

(イ)でも僕はまだこの仕事を終えていないんだ。But（　7語　）.

Ken ：That's too bad.　How about tomorrow night?

2　次の英文を読んで，あとの各問いに答えなさい。

*Martin Luther King, Jr. was the most important *African-American leader of the American *civil rights movement.　a)彼は 1929 年に生まれた in Atlanta.　In those days Atlanta was a very rich city in the American South.　Many African-American families went to live in Atlanta for a better life.

King did not know about *racial separation very much when he was young.　But when he became older, he soon saw that blacks were not *treated *equally.　In the first half of the 1900s in the South, African-American people were *discriminated against under rules that were not（　あ　）.

In 1953, King began to work at a church in *Montgomery, *Alabama. One year later, a black woman（い.　name）*Rosa Parks was *arrested.　In those days, black people and white people had to sit on different seats on a bus.　Rosa Parks was arrested because she did not listen ［　A　］ the driver when he told Rosa to *offer her seat to white people and go to the back seats.　When King knew ①this, he decided to lead a bus *boycott.　②This changed his life, and（　う　）him famous, and he became a leader of the American civil rights movement.　Because he was impressed ［　B　］ *Mohandas Gandhi's *non-violent *resistance, he decided to lead his movement in this way.　The boycott was successful.　He was just 26 years old ［　C　］ that time.

In 1963, King made his famous speech "I Have a Dream".　In his speech, he said "I have a dream that one day ... little black boys and black girls will be able to join hands ［　B　］ little white boys and white girls as sisters and brothers."　His dream was that black people and white people could live together in peace.

In the same year, King was killed by a white man when he was 39 years old. People all over the United States were surprised ［　C　］ this news and felt sad.　In 1986, his birthday became a national holiday of the United States.　（　え　）King is dead, people around the world still remember him and remember that he had a dream for a better world for all people.

（注）　Martin Luther King, Jr.　マーティン・ルーサー・キング・ジュニア

　　　　African-American　アフリカ系アメリカ人の　　civil rights　公民権　　racial separation　人種隔離

　　　　treat　～を扱う　　equally　平等に　　discriminate against ～　～を差別する

　　　　Montgomery　モントゴメリー　　Alabama　アラバマ州　　Rosa Parks　ローザ・パークス

　　　　arrest　～を逮捕する　　offer　～を譲る　　boycott　ボイコット

　　　　Mohandas Gandhi　マハトマ・ガンディー　　non-violent　非暴力の　　resistance　抵抗

□　問1　本文中の（あ）に入る最も適切な語句を次のうちから選び，記号で答えなさい。
　　　　ア　fair　　　イ　artificial　　　ウ　efficient　　　エ　developing

□　問2　（い．name）を正しい形に直しなさい。

□　問3　本文中の（う）に入る単語を次のうちから選び，記号で答えなさい。
　　　　ア　took　　　イ　made　　　ウ　got　　　　エ　gave

□　問4　本文中の（え）に入る最も適切なものを次のうちから選び，記号で答えなさい。
　　　　ア　When　　イ　If　　　　ウ　Because　　エ　Though

□　問5　本文中の[A]～[C]に入る単語を答えなさい。ただし，同じ記号には同じ単語が入る。

□　問6　下線部①が指す内容を次のうちから1つ選び，記号で答えなさい。
　　　　ア　White people and black people sat on different seats.
　　　　イ　There was racial separation in the US.
　　　　ウ　Rosa Parks was arrested.
　　　　エ　The bus driver was a white man.

□　問7　下線部②が指す内容を本文中から5語で抜き出しなさい。

□　問8　下線部 a)を英語にしなさい。ただし，数字は数字のまま表記すること。

□　問9　本文の内容と一致するものを次のうちから1つ選び，記号で答えなさい。
　　　　ア　King thought black people were better than white people.
　　　　イ　Rosa Parks was arrested because she didn't follow the rules.
　　　　ウ　King was discriminated against when he was a child.
　　　　エ　King fought against white people to make a better world for black people.

3 各組の語の中で，最も強く発音する部分が他と異なるものをそれぞれ選び，記号で答えなさい。

☐ (1) ア a-bil-i-ty イ pro-fes-sion-al
ウ an-i-ma-tion エ pho-tog-ra-pher

☐ (2) ア ar-rive イ Au-gust ウ base-ball エ riv-er

☐ (3) ア re-sult イ Rus-sian ウ re-ply エ re-port

4 次の各文の（　）内に入れるのに最も適切なものをそれぞれ選び，記号で答えなさい。

☐ (1) A : That's a pretty bag! Where did you get it?
B : I didn't buy it in a store. I got it through the (　).
ア information イ Internet ウ magic エ communication

☐ (2) What do you (　) this food in English?
ア talk イ speak ウ call エ say

☐ (3) A : Where do you want to go tomorrow, Akira?
B : How about Mt. Fuji? The roads won't be too crowded if we leave (　).
ア early イ speedy ウ quickly エ fast

☐ (4) Yesterday, Mr. Suzuki was very surprised when a young girl (　) asked him the way to the station in English.
ア suddenly イ anytime ウ usually エ never

☐ (5) Takuya spent too (　) time watching TV. He didn't have time to do his homework.
ア many イ few ウ much エ any

☐ (6) My little brother sometimes askes me (　) a story to him before he goes to sleep.
ア to read イ to be read ウ reading エ for reading

☐ (7) I have two cousins. One works as a police officer and the (　) is a businessperson.
ア one イ another ウ others エ other

☐ (8) She is absent today. She (　) to Tokyo.
ア has come イ has got ウ has gone エ has been

☐ (9) The price of that old car is higher than (　) of this new car.
ア all イ that ウ any エ it

☐ (10) (　) Jack was in Kyoto, he visited a lot of temples and shrines.
ア If イ While ウ During エ Until

5 次の各日本語の意味に合うように（　　）内の語句を並べ換えたとき，（　　）内で3番目と6番目にくる語句の組み合わせとして最も適切なものを次のうちから選び，記号で答えなさい。ただし，文頭にくる語も小文字で示してある。

□ (1) 私は子供の頃から熱帯雨林について興味があります。

I (the rain forests / I / in / been / was / interested / since / have) a child.

　ア ③in 　　　　　⑥I 　　　　　イ ③in 　　　　　⑥have

　ウ ③interested 　⑥since 　　　エ ③interested 　⑥I

□ (2) 名古屋城を訪れることが彼らの旅行の目的の1つです。

(the purposes / is / one of / of / visiting / their / Nagoya Castle) trip.

　ア ③of 　　　　　⑥is 　　　　　イ ③is 　　　　　⑥one of

　ウ ③one of 　　　⑥visiting 　　エ ③is 　　　　　⑥of

□ (3) 彼にとって大阪で仕事を見つけることは難しい。

(a job / difficult / find / for / him / it's / to) in Osaka.

　ア ③difficult 　　⑥it's 　　　　イ ③difficult 　⑥to

　ウ ③for 　　　　⑥find 　　　　エ ③for 　　　　⑥to

□ (4) この映画が人々の興味を引き続けるといいなと思います。

I (people's / this movie / attracting / keep / to / want / attention).

　ア ③this movie 　⑥people's 　イ ③to 　　　　⑥people's

　ウ ③attention 　　⑥people's 　エ ③keep 　　　⑥people's

60

第
3
回

出題の分類

1 長文読解 4 同意文書き換え

2 適文補充 5 語句補充

3 語句補充

▶ 解答・解説は P.78

時　　間：50分
目標点数：80点

1回目	/100
2回目	/100
3回目	/100

1 次の英文を読んで，あとの各問いに答えなさい。

A cheetah (1)(ア：is running　イ：running) at full speed while it chases its *prey is one of the most remarkably beautiful sights in the natural world. With an astonishing ability (2)to sprint from zero to eighty kilometers an hour in just three seconds, the cheetah is the fastest animal on land. (3)(ア：During　イ：When) this giant cat is running at top speed, it can reach speeds of almost 100 kilometers an hour. For any animal unlucky enough to become a cheetah's prey, the drama doesn't often (4)last long. (5)(ア：Anything　イ：Nothing) can escape a cheetah at full sprint. It's only a matter of time, and the chances of survival decrease with each step. If the animal makes one slip, the cheetah's powerful legs cut the distance between (6)predator and prey. Once the creature is caught though, (7)it dies quickly as the cheetah grips the (　①　) of its prey firmly in its mouth and waits (　②　) the animal to stop (　③ f-　).

Unfortunately, the cheetah may be facing an early end for itself as well. (8)This beautiful, shy animal (becoming / danger / in / is / of / serious) extinct. It is estimated that fewer than (9)12,000 cheetahs remain in existence in the wild today. For some, the thought of losing such an incredible animal is unthinkable. (10)(ア：At　イ：In) order to help, National Geographic has sent a team on an assignment into the Moremi Wildlife Reserve in Botswana. Their goal is (11)to help save these magnificent creatures by capturing them on camera.

The city of Johannesburg, South Africa, is the final stop before the team's journey deep into the wilds of Africa. They have come to (12)(ア：photograph　イ：photographer) cheetahs for National Geographic Magazine, and heading the expedition is Chris Johns, who has been a (13)(ア：photograph　イ：photographer) for more than 25 years. Chris has been planning this trip for a long time, and accompanying him is local guide, Dave Hamman. Dave has lived in southern Africa for most of his life and knows the region very well. (14)His (　①　) will be (　② u-　) as the two men head more than 800 kilometers (　③　) into Botswana and the wonderful Okavango Delta.

The two men need (15)to use trucks for their journey due to the rough land through which they must drive. They take off from Johannesburg and move into heavy rain as they wind their way towards '(16)the bush,' which is the term commonly used to describe land far away from towns and cities in Africa. Later, as the trucks drive along rough roads and through extremely wild land, one thing becomes very obvious ; their destination in the Moremi Wildlife Reserve is a place people can't easily reach.

（注） prey：獲物

□ 問1　下線部(1), (3), (5), (10), (12), (13)についてそれぞれ最も適切なものを選び，記号で答えなさい。

□ 問2　下線部(2), (11), (15)のうち1つだけ用法の異なる to-不定詞がある。それはどれか，番号で答えなさい。

問3　下線部(4), (16)とほぼ同じ意味を持つ語（句）をそれぞれ1つ選び，記号で答えなさい。

□ (4)　：　ア　continue　　イ　end　　ウ　final　　エ　finish
□ (16)：　ア　the countryside　　イ　the harbor　　ウ　the nation
　　　　　　エ　the tree

□ 問4　下線部(6)の語の意味として最も適切なものを次のうちから選び，記号で答えなさい。
　　　ア　侵入者　　イ　逃亡者　　ウ　捕食者　　エ　密猟者

問5　下線部(7), (14)がそれぞれ下記の日本語の意味になるように，空所(①) ～ (③)に適切な語を1語ずつ補いなさい。ただし，はじめの文字が指定されている場合もあります。

□ (7)　『チーターが獲物の首を口でしっかりと押さえつけ，その動物が戦うのをやめるのを待つ間に，その動物はほどなくして死んでしまう。』

□ (14)　『2人の男が800キロメートル以上北のボツワナや美しいオカバンゴ川の三角州に向かう際に，彼の知識は役に立つだろう。』

□ 問6　下線部(8)が下記の日本語の意味になるように，（　　）内の語を正しく並べ換えて英文を完成させたとき，最も適切な英文になるものを次のうちから選び，記号で答えなさい。
　　　『この美しく，用心深い動物が深刻な絶滅の危機に瀕している。』
　　　ア　is becoming in serious danger of
　　　イ　is danger of becoming in serious
　　　ウ　is in serious danger of becoming

□ 問7　下線部(9)を英語で表記しなさい。

2　次の(1)～(5)の対話文の(　　)に入る最も適切なものを，次のうちからそれぞれ選び，記号で答えなさい。

☐　(1)　A：What's our plan for tomorrow, Father?

　　　　B：How about going to the zoo?

　　　　A：That's nice! Can my friends go with us?

　　　　B：(　　) I'll take all of you in my car.

　　　　A：Really? Thank you!

　　　　B：You're welcome.

　　　ア　Yes, of course.　　　　イ　Sure, I can.

　　　ウ　It's not so easy.　　　　エ　No, you can't.

☐　(2)　A：Hi, Andy. Did you read my book yesterday?

　　　　B：Yes, it was so exciting. I want to read the next story soon.

　　　　A：Me, too. Well, do you have the book now?

　　　　B：No. I left it in my house. (　　) Is that OK?

　　　　A：OK. Actually, Mika wants to read it.

　　　　B：Does she?

　　　ア　Can you bring it to me?

　　　イ　I'll bring it to school tomorrow.

　　　ウ　I bought it at a shop last night.

　　　エ　I haven't read it yet.

☐　(3)　A：Excuse me. Does this bus go to Yama City?

　　　　B：Yes, but which place do you want to visit in the city?

　　　　A：Yama Art Museum.

　　　　B：Then, you should take the other bus. (　　)

　　　　A：That red one, right?

　　　　B：Right.

　　　ア　That one over there.　　　イ　It will come soon.

　　　ウ　It's by the museum.　　　エ　You can walk to the museum.

☐　(4)　A：Tony, I need your help.

　　　　B：What's wrong?

　　　　A：I haven't finished my math homework yet. (　　)

　　　　B：What? That's not a good idea. I'll help you if you do it here.

　　　　A：All right. I'll ask Mary.

　　　　B：Oh, no. You should do it yourself, Jack!

　　　ア　I'm going to finish it now.

　　　イ　Can I do it for you?

　　　ウ　I was playing video games last night.

　　　エ　So I want to see your answers.

☐ (5) A：Hello. This is Maya. Is Emily there?

B：Hi, Maya. This is Bill. I'm sorry, but she's not at home.

A：Where is she now?

B：She's practicing the piano at her teacher's house. (　　)

A：What time?

B：Well, it's two, so she'll be here in twenty minutes.

A：OK. I'll call again later. See you.

ア　Do you want to leave her a message?

イ　She started taking piano lessons on Saturday afternoon.

ウ　But I think she'll be back soon.

エ　If you go there, you can see her.

3　空所に 1 語補い，英文を完成させなさい。ただし，ヒントを参考にして，与えられた文字で始めること。

☐ (1)　My favorite (s　　) in school is science.

　　ヒント　an area of knowledge that you study at a school or university

☐ (2)　Do you know she has a (d　　)?

　　ヒント　a person's female child

☐ (3)　How can I get to the (a　　)?

　　ヒント　a place where planes take off and land

☐ (4)　The (c　　) gave me some advice.

　　ヒント　someone who trains a person or team in a sport

☐ (5)　I want to go to the (f　　) shop.

　　ヒント　large objects such as chairs, tables, and beds

4 次の各組の文がほぼ同じ意味になるように（　　）内に適する語を1語ずつ入れなさい。

☐ (1) She lost her watch. She doesn't have it now.
　　　　She (　　) (　　) her watch.

☐ (2) I helped Yuka. Yuka also helped me.
　　　　Yuka and I helped (　　) (　　).

☐ (3) The man swam as fast as possible.
　　　　The man swam as fast as (　　) (　　).

☐ (4) That is the picture. Bob painted it.
　　　　That is the picture (　　) (　　) Bob.

☐ (5) Must John call her tonight?
　　　　(　　) John (　　) (　　) call her tonight?

☐ (6) The ice will keep your orange juice cold.
　　　　Your orange juice will (　　) (　　) (　　) by the ice.

5 次の各組の（　　）にそれぞれ共通して入る語を，下のア～ケから選び，記号で答えなさい。

□ (1) Hurry up, or you will （　　） the train.
　　　You have been such a good friend. I will （　　） you.

□ (2) The Sports Festival is held in （　　）, because it is not too hot and not too cold.
　　　Be careful! You will （　　） in the river.

□ (3) To come to my house, turn left at the third traffic （　　）.
　　　This classroom gets a lot of （　　） in the morning.

□ (4) You did a great job, （　　） done.
　　　I am not so interested in many baseball players, but I know Ichiro. He is （　　） known.

□ (5) This question is （　　）. Please help me!
　　　To be a good player, you should practice （　　） every day.

　　ア by　　イ fall　　ウ hard　　エ light　　オ miss
　　カ right　　キ very　　ク way　　ケ well

出 題 の 分 類

1 長文読解　　　4 語句補充

2 会話文読解　　5 正誤問題

3 アクセント

▶ 解 答・解 説 は P.82

1　生物保護の難しさについて論じた TEXT 1 と，生物保護がなぜ必要かを論じた
TEXT 2 を読んで，あとの各問いに答えなさい。

TEXT 1

　Orangutans are large animals.　They look like large monkeys with long arms and
no *tail.　You can see them in two big islands in Southeast Asia.　One is Borneo
①belong to Indonesia, Malaysia, and Brunei.　The other is Sumatra in Indonesia.
People long believed that there were only two *species of orangutans.　But, in 2017,
a new species was discovered for the first time in 88 years.　They live in Sumatra.
There are only 800 of them, and they will die out soon if we do not do anything to
stop it.　Why will they die out?　Sadly, we are a big problem for them.

　Orangutans and many other animals live in rain forests.　However, in both
Indonesia and Malaysia, more and more trees are cut down to make large farms
for *oil palm trees.　We use a lot of palm oil to make many *products.　It goes well
with many foods because it does not have a strong smell.　It is also the cheapest
vegetable oil in the world.　It is used to make margarine, chocolate, ice cream, soaps,
and even *fuel for cars and for factories.　When you go to a supermarket, try to find
margarine that was made without using "shokuyou-abura" (vegetable oils).　You
usually cannot find any.　Look at Table 1.　Palm oil is one of the eight vegetable oils
on the list, but (　②　) tons of palm oil was produced between 2016 and 2017.　And
we make more and more palm oil.　In this way, orangutans are losing their homes.

Table 1

World vegetable oils supply and distribution, Year 2016-2017	
Item	**tons**
Production	
Coconut	3,000,000
Cottonseed	4,000,000
Olive	3,000,000
Palm	71,000,000
Peanut	6,000,000
Rapeseed	27,000,000
Soybean	54,000,000
Sunflowerseed	17,000,000
Total	185,000,000

Souce:USDA, Economic Research Service
using data from USDA, Roreign Agricultural
Service, Oilseeds: World Markets and Trade.

What should we do to save orangutans? Some say that we should buy products *certified by an NPO called Roundtable on Sustainable Palm Oil (RSPO). Then the homes for wild animals will not be lost. However, other people say that RSPO has not done a good job. They say that it cannot do anything when a company breaks the rules. It is also very difficult for us to find any certified products at shops in Japan. Many of us cannot tell which product is made from palm oil because the label on each product only says "vegetable oil." We know what is happening to orangutans, but we do not know how we can stop buying palm-oil products. In this way, we have been a big problem for them.

TEXT 2

Even scientists do not know what will happen to the environment when one species dies out. Take sea otters for example. When the large sea animals died out in California in the 1990s, what happened? ③[by / not / sea otters / sea urchins / eaten / were] any more. There were more and more sea urchins. They ate up many kelp forests. Homes for many species were lost, and those species died out too. Only one species died out at first, and then many others died out too.

Here is another example. We did not know that deer would cause ④big problems to our society. When we killed the last Japanese wolf, we did not know what would happen. Wolves eat deer, but we killed all of ⑤them. Then more and more deer started to eat all kinds of vegetables and fruits around them.

Every animal lives in a ⑥complex network. It is very difficult to tell what will happen to the environment if one species dies out. This is why we must protect all species.

（注） tail しっぽ   species （生物の）種

oil palm 「油ヤシ」という植物，油ヤシの果実などからパーム油が作られる

products 製品   fuel 燃料

certified by NPO called Roundtable on Sustainable Palm Oil（RSPO）

持続可能なパーム油のための円卓会議と呼ばれる非営利組織によって認証された

☐ 問 1   下線部①を適切な形に書き換えなさい。

☐ 問 2   新種のオランウータンが見つかった島を次のページの図から選び，その番号を書きなさい。

☐ 問 3   本文中の（ ② ）にあてはまる数字を英語で書きなさい。

☐ 問 4   本文中③の［   ］内の語句を最も適切な語順に直して書きなさい。ただし，文頭にくる語も小文字にしてある。

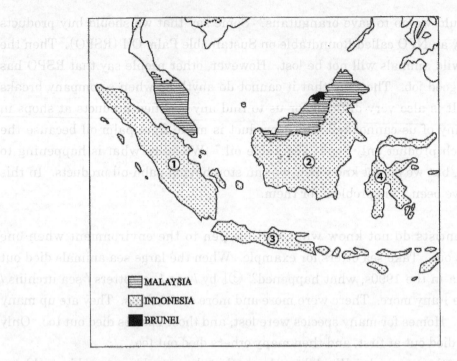

MALAYSIA
INDONESIA
BRUNEI

① ② ③ ④

□　問5　下の図において，"sea otters" と "sea urchins" を表す番号の組み合わせと
　　　して最もふさわしいものを選び，記号で答えなさい。

〈Before〉　　　　　　　　　　　　　　　　〈After〉

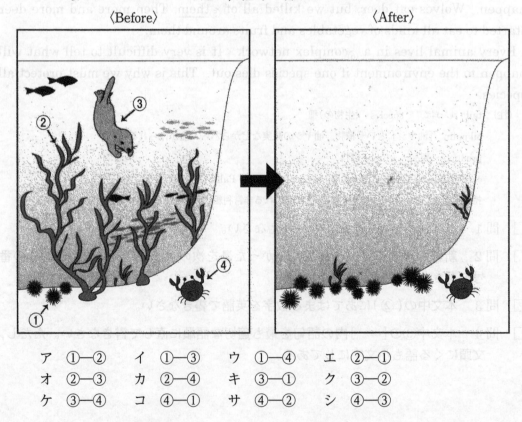

ア　①—②　　　イ　①—③　　　ウ　①—④　　　エ　②—①
オ　②—③　　　カ　②—④　　　キ　③—①　　　ク　③—②
ケ　③—④　　　コ　④—①　　　サ　④—②　　　シ　④—③

□ 問6 下線部④の具体例として本文にあげられているものを日本語で簡潔に書きなさい。

□ 問7 下線部⑤が指す内容として最も適切なものを次のうちから選び，記号で答えなさい。

ア 鹿　　　イ 狼　　　ウ 鹿の生息地　　エ 狼の生息地

□ 問8 下線部⑥の意味として最も適切なものを次のうちから選び，記号で答えなさい。

ア 単純な　　イ 重要な　　ウ 複雑な　　　エ 熱帯雨林の

□ 問9 TEXT 1 と TEXT 2 の内容と一致するものを次のうちから 3 つ選び，記号で答えなさい。

ア Orangutans have long tails.

イ There are now three species of orangutans.

ウ Palm oil sells well with many foods.

エ At a supermarket, it is easy to find margarine made without vegetable oil.

オ Palm oil is not only for making products we use in our everyday life.

カ Some people are against the idea that we can save orangutans if we buy products certified by RSPO.

キ Some people know what will happen if one species is lost.

ク Only sea otters and sea urchins can live in kelp forests.

ケ There are many wolves living in Michigan now.

□ 問10 生物保護の難しさに関する論点を TEXT 1 から，生物保護が必要である理由を TEXT 2 から取り出し，両者を関連づけた文として最も適切なものを選び，記号で答えなさい。

ア

> ボルネオやジャカルタで見られるオランウータンの保護の難しさは，人間が現在の消費行動を改められないことが原因である。オランウータンが死滅すれば，ボルネオやジャカルタの生物環境は確実に激変する。

イ

> 環境に甚大な被害を与える生物種の保護は難しいが必要である。例えば，消費者は日常生活でパーム油から作られた製品をたくさん使っているが，絶滅が危惧される新種のオオカミを保護するためにその購入を直ちにやめるべきである。

ウ

> あらゆる生物種にとって人類の環境破壊が深刻な問題となっており，例えば
> ニホンオオカミの絶滅によって生物環境は激変した。今また危機にさらされ
> ているオランウータンを救うには，RSPO と呼ばれる非営利組織によって
> 認証されたパーム油のみを購入するだけでよい。

エ

> ある生物種が絶滅すると環境に何が起きるかが科学者にもわからないので生
> 物保護は必要だが，例えばオランウータンを保護しようとしても，消費者は
> どの製品にその住居を奪うパーム油が使われているかを知ることができず，
> パーム油の購入を避けることができない。

2　次の英文は，友人同士であるボブ(Bob)とタクヤ(Takuya)との対話である。この
　対話文を読んで，あとの各問いに答えなさい。

Bob 　　: My parents bought me a new computer.

Takuya : That's nice. How is it?

Bob 　　: Well, I don't know much about computers. I need to learn more about
　　　　　them first.

Takuya : I see. I have my own computer, so (A)shall I help you with your computer?

Bob 　　: Really? That would be great. Then, can you come to my house and show
　　　　　me what to do this Saturday?

Takuya : OK, I will. By the way, what do you want to do with your computer?

Bob 　　: I want to make my own website and do some Internet shopping.

Takuya : Sorry, I have never done those and I don't think I can show you about
　　　　　them. You should ask my friend, Mike. He is a member of the computer
　　　　　club at our school. Do you know him?

Bob 　　: Mike? Of course. We were in the same elementary school and we often
　　　　　played together. But I haven't talked with him much these days. I didn't
　　　　　know he belonged to the computer club.

Takuya : Then, (B)(ア we / イ ask / ウ don't / エ him / オ why) to come to your house
　　　　　and show us about those things?

Bob 　　: That's a good idea! Thanks.

Takuya : OK, I will send him an e-mail tonight.

□　問1　下線部(A)を次の英文のように言い換えたとき，(　　)に入る適切な英語1
　　　　語を書きなさい。

　　　do you (　　) me to help you with your computer?

□　問2　下線部(B)の(　　)の中の語を正しく並べ換えて，記号で書きなさい。

□　問3　次の英文は，タクヤがボブとタクヤの共通の友人であるマイク(Mike)に送っ
　　　　たメールである。前の対話文に合うように，(①)～(③)に入る適切な英語を
　　　　それぞれ1語ずつ書きなさい。

　　　Hi, Mike.

　　　Today, I talked with Bob. Both of you (　①　) to the same elementary
　　　school. I didn't know that. He said he got a new computer. I was going to
　　　help him with it. But he wants to do (　②　) difficult things than I thought.
　　　He said he would like to make a website and (　③　) things from online
　　　stores. But I have never tried such things. So, we need your help. I think
　　　you know a lot about computers. Could you come to Bob's house on Saturday
　　　and show us how to do them?

　　　　　　　　　　　　　　　　　　　　　　　　　　　　　　　　　　Takuya

3 各単語の第1アクセントの位置を記号で答えなさい。

☐ (1) ba-nan-a
　　　ア　イ　ウ

☐ (2) so-ci-e-ty
　　　ア　イ　ウ　エ

☐ (3) en-gi-neer
　　　ア　イ　ウ

☐ (4) pas-sen-ger
　　　ア　イ　ウ

☐ (5) grad-u-ate
　　　ア　イ　ウ

4 次の英文の（　　）に最もよくあてはまるものをそれぞれ選び，記号で答えなさい。

☐ (1) To know is one thing, and to teach is (　　).
　　　ア　other　　イ　some　　ウ　the other　　エ　another

☐ (2) I didn't have to pay for the magazine.　It was (　　).
　　　ア　enough　　イ　expensive　　ウ　free　　エ　heavy

☐ (3) Three years have passed (　　) he came to Japan.
　　　ア　when　　イ　since　　ウ　while　　エ　before

☐ (4) A: Tim, you have a good collection of cameras.
　　　B: I do.　I have collected (　　) 80 cameras so far.
　　　ア　at most　　イ　at first　　ウ　at least　　エ　at once

☐ (5) A: Excuse me, but where is the National Museum?
　　　B: Go straight along this street, and you'll see it (　　) the left.
　　　ア　on　　イ　in　　ウ　for　　エ　at

5 　次の各文の下線部①～④には誤っている箇所がそれぞれ１つある。その番号を答えなさい。

□ （1）　①It isn't safe to ②leave open the door ③because some hungry bears ④are in this area.

□ （2）　① I'm going to ② have a party this weekend and I want you ③ come if you ④ are free.

□ （3）　The game ① which I ② saw last week ③ was so ④ excited.

□ （4）　The students ① who want to ② join the soccer club ③ has to come to the school ground ④ by three o'clock.

60

第5回

出題の分類

時　　間：50分
目標点数：80点

1回目　　／100

2回目　　／100

3回目　　／100

① 長文読解　　④ 正誤問題

② 資料読解　　⑤ 語彙

③ 英問英答

▶ 解 答・解 説 は P.87

1　次の英文を読んで，あとの各問いに答えなさい。

A man stopped at a flower shop to order some flowers to be sent to his mother, who lived 200 miles away. He knew it would be better if he could actually go and see his mother, but ☐A☐ Besides, he was sure she would understand.

As he got out of his car, he noticed a young girl sitting by the bus stop crying. "Hey, what's up?" he asked. "Missed your bus?" "Oh no, the bus doesn't matter; I can walk," she *replied. "But I wanted to buy a red rose for my mother. The trouble is that I only have 75 cents, and a rose costs two dollars." The man smiled and said, "Come on in with me. ☐B☐ "

He bought the little girl her rose and ordered his own mother's flowers. When they were leaving, he offered the girl a ride home. "That would be great," she said. "If you're sure you don't mind, you can take me to my mother." "No problem. Just tell me which way," he answered.

After a few minutes driving the girl asked the man to stop, and he *pulled up to let her out. ☐C☐ She was walking hurriedly through the gates. Then he realized she was entering a *graveyard. Instead of *driving off, the man watched on the girl *bent down and placed the rose on a *grave.

Wiping the tears from his eyes, the man knew at once (ア)what he should do. (イ)Life is too short to spend worrying about work and *deadlines and all of those other little *duties that eat up your free time. We have to make time for the truly important things. He drove straight back to the flower shop, canceled his order, and bought a big *bunch of flowers. He then drove the 200 miles to his mother's house.

(注) reply 返事をする　　pull up 車を止める　　graveyard 墓地　　drive off 車で立ち去る
bend down 腰を曲げる　　grave 墓　　deadline 締め切り　　duty 義務　　bunch 束

☐　問1　本文中の ☐A☐, ☐B☐, ☐C☐ にあてはまる文をそれぞれ選び，記号で答えなさい。なお，大文字で始まるものも小文字にしてある。

ア　the man decided to go there with the girl.

イ　the girl thanked the man and said goodbye.

ウ　the rose was really nice and she loved it.

エ　I'll buy a rose for you.

オ　these days he just didn't seem to have any free time.

カ　he actually visited her mother and had a good time.

問2　下線部(ア)を具体的に 15 字以内 (句読点を含む) で, 日本語で説明しなさい。

問3　下線部(イ)を和訳しなさい。

問4　Why did the man cry?

ア　He knew that his mother died a few hours ago.

イ　He knew that the girl tried to walk to the graveyard.

ウ　He knew that there was a rose in front of her graveyard.

エ　He knew that the girl's mother already died.

問5　本文の内容と一致するものを次のうちから 1 つ選び, 記号で答えなさい。

ア　A man needed to stop at a flower shop to buy some flowers for his wife.

イ　He thought that he should work harder and harder because life is too short.

ウ　The girl cried because she got lost on her way home.

エ　The man noticed that he should spend time for really important things.

問6　本文では,「人生で大切なものは何か」について述べられている。「あなたにとって, 人生で最も大切なものは何か」, あなたの考えとその理由を 2 つ, 英語でそれぞれ 1 文ずつ書きなさい。また, 3 つの文の語数 (句読点含まず) が合計で 25 語程度となるように, 下記の形式で答えなさい。

あなたの考え	
理由 1	
理由 2	

2 　次のページの広告を読んで, 英問に対する正しい答えをそれぞれあとのア〜エのうちから選び, 記号で答えなさい。

(1)　How much will it cost in total if you take 20 lessons before April 20, 2018?
　　　ア　$425　　イ　$450　　ウ　$825　　エ　$850

(2)　What do you need to do to book a lesson?
　　　ア　Buy the textbook.　　イ　Pass a test.
　　　ウ　Use the Internet.　　エ　Make a phone call.

(3)　Which is true about this advertisement?
　　　ア　You need to go to Meeting room 3 if you choose Friday class.
　　　イ　Both Emma and Barbara have two lessons a week.

ウ　As she is very popular among students, Rebecca has twice as many classes as Emma.

エ　If you finish your work by 6 in the evening, you can take Monday classes.

Let's Enjoy English!!

Lesson Code	Time		Instructor	Place
1	Monday	16:00	Rebecca	Classroom 1
2	Tuesday	15:30	Emma	Classroom 1
3	Wednesday	16:30	Barbara	Common hall
4	Friday	15:00	Barbara	Meeting room 2
5	Saturday	13:30	Emma	Classroom1
6	Saturday	16:30	Stephanie	Meeting room 3

*Rebecca is from the USA. Emma is from Australia. The other instructors come from the UK.

● The Lesson Fee：$40 （one lesson）

● Notice　　　：You need to buy a textbook with 3 CDs for $50 before the first lesson.

　　　　　　　　You can get a textbook for 50% off until the end of April, 2018.

● Reservation　：Please call 035-112-556 or visit our office.

3　次の(1)～(3)の状況に対する質問の答えとして最も適切なものを，ア～エのうちからそれぞれ選び，記号で答えなさい。

□　(1)　Junior high school students in Aichi visit another prefecture like Tokyo or Osaka. They sometimes visit places together, and they sometimes go to different places in small groups to learn about Japanese culture. Students have this kind of event only once in three years. What is this event called?

　　ア　a student council　　　イ　a school trip

　　ウ　summer vacation　　　エ　an evacuation drill

□　(2)　You are walking in town. You see a man who is sitting on the street, and he looks very sick. There is no one else there. What do you do in an emergency like this?

　　ア　I'll call for an ambulance.　　　イ　I'll be impressed with his performance.

　　ウ　I'll get well soon.　　　　　　　エ　I'll be angry with him.

□　(3)　Look at this table. What do you understand from the table?

　　ア　Japan is the smallest in area, but its population is the largest.

　　イ　The largest country in area is Canada, but its population is the smallest.

　　ウ　The most people live in Brazil, and its area is larger than that of Canada.

エ　Australia is the third largest area of the five countries.

	Area (1,000km²)	Population (millions)
Japan	378	128
Italy	301	60
Canada	9,985	35
Brazil	8,515	191
Australia	7,713	24

4　次の各文の下線部ア～エには誤っている箇所がそれぞれ1つある。その記号を答え，正しい形に直しなさい。

☐ (1)　<u>Since</u> we <u>took</u> an express train, we <u>reached to</u> Tokyo before <u>it</u> got dark.
　　　　　ア　　　　イ　　　　　　　　　　　　ウ　　　　　　エ

☐ (2)　<u>Which</u> of <u>these books</u> do you think <u>it is</u> difficult <u>for me</u>?
　　　　　ア　　　　イ　　　　　　　　ウ　　　　　　エ

☐ (3)　I <u>have gone</u> abroad for the first time <u>in my life</u> when <u>the Olympic Games</u>
　　　　　ア　　　　　　　　　　　イ　　　　　　ウ

　　　were held in Sydney <u>in 2000</u>.
　　　　　　　　　　　　エ

☐ (4)　My father <u>told me</u> that one of the buildings <u>which</u> we <u>could see</u> over there
　　　　　　　　ア　　　　　　　　　　　　　　イ　　　　　ウ

　　　<u>were</u> a hospital.
　　　　エ

☐ (5)　Let's <u>stay home</u> and <u>watch movies</u> <u>all day long</u> if the class <u>will be</u> canceled
　　　　　　ア　　　　　イ　　　　　ウ　　　　　　　エ

　　　tomorrow.

5　次のAとBの関係がCとDの関係と同じになるように，（　　）内に適語を入れなさい。

	A	B	C	D
☐ (1)	grow	grew	teach	（　　）
☐ (2)	one	first	twelve	（　　）
☐ (3)	Japan	Japanese	Holland	（　　）
☐ (4)	strong	weak	same	（　　）

60

第6回

出題の分類

時　　間：50分
目標点数：80点

□1 文整序 □4 語句整序
□2 長文読解 □5 発音
□3 長文・資料読解

▶解答・解説は P.91

1回目 ／100
2回目 ／100
3回目 ／100

1 次の各問いに答えなさい。

□ (1) 次の英文を意味が通るように正しい順序で並べ換えたとき，3番目にくるものはどれか，①〜④のうちから選び，番号で答えなさい。

① Why are fast foods so popular?
② For one reason, you feel safe because you know what the food is like.
③ There are a lot of fast food restaurants all over the world.
④ For another reason, people don't have to wait for a long time and can get their meal fast.

□ (2) 以下の英文中で意味が通るようにア〜エの英文を並べ換えたとき，正しい順番になっているものはどれか，①〜④のうちから選び，番号で答えなさい。

　Cindy, a new student, came to our class today. In the morning, she told us some very interesting things about her school in Australia. We enjoyed her story very much. [　⇒　⇒　⇒　] She told me that she was surprised because it was really new to her.

ア "Of course they are, but we also use them when we eat lunch," I said.
イ "Why do you eat lunch at your desks? Aren't your desks for studying?" she asked.
ウ Then lunchtime started.
エ Cindy said, "Oh, you're eating at your own desk in the classroom!"

① ウ⇒イ⇒ア⇒エ
② ウ⇒エ⇒イ⇒ア
③ エ⇒ウ⇒ア⇒イ
④ エ⇒イ⇒ウ⇒ア

2　次の英文を読んで，あとの各問いに答えなさい。

　Many years ago, I tried to teach my grandmother [　A　] "*Spot the difference" in a women's magazine. I thought the rules were simple and clear, but she kept *pointing out what was the same between the two pictures. She *admitted that she found that was more fun. That says a lot about my grandmother － that she *preferred looking for *commonalities.

　There are many people in the world （　あ　） spend too much time while they are looking at the differences between us. They like to say that these differences are bad. They *tap into people's *prejudices, and in the online world they can find an audience easily. These people say things like, being from a *particular culture, *gender or *race gives you *permission to *mistreat others.

　I have a video （　い　） I want them to see. Its title is *Love Has No *Labels*. It was a public service *announcement made by the Ad Council, an American *nonprofit, and it won many *awards. I *whole-heartedly *recommend watching it for its *positive message.

　It shows friends, couples and families celebrating love and friendship by dancing with and *embracing each other behind an "*X-ray" screen. Instead of showing their faces and bodies, the screen showed ①their *skeletons. When they came from behind the screen, the audience got to see love and friendship between people of different ages, *abilities, *religions, races and genders. The video showed that there is no difference － we're all human.

　And maybe that's the thing my grandmother was telling me － that ②it's easy to spot the difference, but the *challenge and the *joy come from seeing what is the same.

(注)　spot the difference　間違い探し　　　point out　～を指摘する　　　admit　～を認める
　　　prefer　～を好む　　　commonality　共通点　　　tap into　～につけ込む　　　prejudice　偏見
　　　particular　特定の　　　gender　ジェンダー　　　race　人種　　　permission　許可
　　　mistreat　～を不当に扱う　　　label　ラベル　　　announcement　広告　　　nonprofit　非営利団体
　　　award　賞　　　whole-heartedly　心から　　　recommend　～を勧める　　　positive　前向きな
　　　embrace each other　抱き合う　　　X-ray　X線　　　skeleton　骨格　　　ability　能力
　　　religion　宗教　　　challenge　やりがい　　　joy　喜び

□　問 1　本文中の[A]に入る最も適切な語句を次のうちから選び，番号で答えなさい。
　　①　the way to playing　　　②　how to play
　　③　that I play　　　④　who I played

□　問 2　本文中の（あ）に入る最も適切な語を次のうちから選び，番号で答えなさい。
　　①　who　　②　how　　③　when　　④　which　　⑤　what

□ 問3　本文中の(い)に入る最も適切な語を次のうちから選び，番号で答えなさい。
　　①　where　　②　which　　③　what　　④　whose　　⑤　but

□ 問4　下線部①が指す内容を本文中から8語で抜き出し，最初と最後の語を書きなさい。

□ 問5　下線部②が指す内容を本文中から4語で抜き出しなさい。

問6　(1)～(4)の英文の内容が本文の内容と一致するものには①，一致しないものには②と答えなさい。

□　(1)　The writer's grandmother liked to find the same between two pictures when she was playing "Spot the difference".

□　(2)　Some people say that you can get permission to mistreat others if you find they have the same culture, gender or race as you.

□　(3)　In the video called *Love Has No Labels*, it is shown that there is no difference between people all over the world.

□　(4)　The writer thinks that the thing which her grandmother told her was the importance of looking at what is the same.

3　次の英文と表に関するあとの設問の答えとして最も適切なものをそれぞれ選び，記号で答えなさい。

Kenji is writing about his day out in Nagoya with John.　John is an American exchange student, and he is staying at Kenji's house for three weeks.

Saturday, July 29th

　It was a very hot day.　Today, I went to some sightseeing spots with John.　I can't believe John has been here for two weeks already!　I will miss him when he goes back to the U.S. next Sunday.

　First, we bought one-day bus tickets at Nagoya Station, and then we got on a sightseeing bus.　Its design is special.　The bus has a tail on the top of it.　It is like *Shachihoko* (a sea animal like a fish which is famous in Nagoya).　You can also see a big picture of it when you look at the bus from the side.　It has one big eye and big teeth.

　John likes history, so we went to Nagoya Castle first.　John wanted to see Tokugawa Garden next, but we didn't have time, because after visiting the castle, we needed to go another three bus stops to Nagoya TV Tower.　We had a nice lunch at the restaurant near the tower.

Number	Bus Stop	Time table					
1	Nagoya Station	9:30	9:50	10:10	10:30	10:50	11:10
2	Toyota Museum	9:38	9:58	10:18	10:38	10:58	11:18
3	Noritake Garden	9:42	10:02	10:22	10:42	11:02	11:22
4	Nagoya Castle	9:52	10:12	10:32	10:52	11:12	11:32
5	Tokugawa Garden	10:06	10:26	10:46	11:06	11:26	11:46
≀							
(A)	Nagoya TV Tower	10:22	10:42	11:02	11:22	11:42	12:02

□ 問1 Which bus did Kenji and John take?

ア　　　　　　　　　　　イ

ウ　　　　　　　　　　　エ

□ 問2 How long does it take to get to Nagoya Castle from Nagoya Station by bus?

　　ア　18 minutes　　　イ　20 minutes　　　ウ　22 minutes　　　エ　24 minutes

□ 問3 Which number is (　A　)?

　　ア　5　　　　　　　イ　6　　　　　　　ウ　7　　　　　　　エ　8

□ 問4 How many buses leave Nagoya Station before eleven o'clock?

　　ア　5　　　　　　　イ　6　　　　　　　ウ　7　　　　　　　エ　8

□ 問5 Which is the correct sentence?

　　ア　It takes ten minutes from Toyota Museum to Nagoya Castle.

　　イ　John had to buy two bus tickets to take the bus.

　　ウ　It takes longer to get to Nagoya Castle from Nagoya Station than to Nagoya TV Tower from Nagoya Castle.

　　エ　Kenji and John took two buses to get to Nagoya TV Tower from Nagoya Station.

4 ［　］内の語(句)を並べ換えて意味の通る英文を完成させ，［　］内で 3 番目と 5 番目にくる語(句)の記号の組み合わせとして正しいものを 1 つ選び，番号で答えなさい。ただし，文頭にくる語(句)も小文字で示してある。

□ (1) ［ア　to　　イ　the guitar　　ウ　I　　エ　how　　オ　learned
　　　　カ　play].
　　　　① 3番目オ　5番目カ　　② 3番目イ　5番目エ　　③ 3番目エ　5番目カ
　　　　④ 3番目イ　5番目オ　　⑤ 3番目ア　5番目イ　　⑥ 3番目ウ　5番目オ

□ (2) Jack ［ア　Ms.Tanaka　　イ　about　　ウ　the boy　　エ　is
　　　　オ　talked] in class.
　　　　① 3番目ア　5番目イ　　② 3番目ウ　5番目エ　　③ 3番目イ　5番目ウ
　　　　④ 3番目イ　5番目エ　　⑤ 3番目ア　5番目ウ　　⑥ 3番目イ　5番目オ

□ (3) "Do you ［ア　he　　イ　want　　ウ　when　　エ　comes　　オ　call
　　　　カ　to　　キ　you　　ク　him] home?"
　　　　① 3番目オ　5番目ウ　　② 3番目ア　5番目オ　　③ 3番目オ　5番目キ
　　　　④ 3番目ア　5番目キ　　⑤ 3番目エ　5番目イ　　⑥ 3番目カ　5番目キ

□ (4) ［ア　where　　イ　was　　ウ　you　　エ　the treasure　　オ　do
　　　　カ　know　　キ　found]?
　　　　① 3番目ウ　5番目エ　　② 3番目カ　5番目エ　　③ 3番目カ　5番目ア
　　　　④ 3番目エ　5番目ウ　　⑤ 3番目ウ　5番目イ　　⑥ 3番目カ　5番目イ

□ (5) ［ア　call　　イ　in　　ウ　do　　エ　this flower　　オ　what
　　　　カ　you　　キ　English]?
　　　　① 3番目ア　5番目エ　　② 3番目エ　5番目カ　　③ 3番目カ　5番目ア
　　　　④ 3番目カ　5番目エ　　⑤ 3番目ウ　5番目ア　　⑥ 3番目イ　5番目ウ

5 　各文の下線部と同じ発音を含むものを選び，番号で答えなさい。

☐ （1）　I studied English for an h<u>ou</u>r last night.

① c<u>ou</u>sin　　② f<u>ou</u>nd　　③ sh<u>ou</u>ld　　④ th<u>ou</u>ght　　⑤ y<u>ou</u>ng

☐ （2）　My brother often los<u>es</u> his umbrella.

① hous<u>es</u>　　② increa<u>se</u>　　③ promi<u>se</u>　　④ <u>s</u>ign　　⑤ <u>s</u>ociety

☐ （3）　Maria tried to express herself by g<u>e</u>stures.

① <u>e</u>nergy　　② g<u>a</u>s　　③ magaz<u>i</u>ne　　④ progr<u>a</u>m　　⑤ wr<u>o</u>ng

☐ （4）　In spring all n<u>a</u>ture looks full of joy.

① c<u>a</u>ll　　② f<u>ar</u>m　　③ l<u>a</u>nguage　　④ l<u>a</u>ter　　⑤ v<u>a</u>rious

☐ （5）　I bought a nice p<u>air</u> of shoes yesterday.

① d<u>ear</u>　　② <u>ear</u>th　　③ h<u>ear</u>t　　④ r<u>are</u>　　⑤ volunt<u>eer</u>

60

第7回

出 題 の 分 類

時　　間：５０分
目標点数：８０点

1回目	／100
2回目	／100
3回目	／100

① 文整序　　④ 長文読解
② 文中アクセント　⑤ 語句整序
③ 長文読解

▶ 解 答 ・ 解 説 は Ｐ.95

1　次の各問いに答えなさい。

問1　次の(1)，(2)の最初の文に続けてＡ～Ｄの文を並べ換え，まとまった文を完成させるとき，その最も適切な組み合わせを次のうちからそれぞれ選び，番号で答えなさい。

☐ (1)　Today, I would like to talk about my friend, Susan.

　A　I hope we'll be good friends forever!

　B　When she comes and visits Japan, we often go shopping at a department store.

　C　In fact, we did some shopping with her in Shibuya last week.

　D　She lives in the United States now, and we are best friends.

　①　B － C － A － D

　②　D － C － A － B

　③　D － B － C － A

　④　A － B － D － C

☐ (2)　Mr. Richard is a social studies teacher at a High School in England.

　A　He said, "Reading is the key to doing anything. Let's continue to enjoy reading."

　B　Since he was a boy, he has been interested in World History.

　C　Through books, he has learned a lot about the changes in the world.

　D　He talked to us about reading books.

　①　A － D － C － B

　②　C － D － A － B

　③　B － A － C － D

　④　B － C － D － A

問2　次の(1)，(2)の対話文の中で２人の会話が成り立つように，（　1　）～（　4　）にＡ～Ｄを入れるとき，その最も適切な組み合わせを次のうちからそれぞれ選び，番号で答えなさい。

☐ (1)　Akira's Mom　：（　1　）

　　　Akira　　　　：Sure!　（　2　）

　　　Akira's Mom　：（　3　）

　　　Akira　　　　：OK. No problem.

　　　Akira's Mom　：（　4　）

　　　Akira　　　　：OK.

A Akira, can you help me?

B And after that, can you wash the dishes?

C What shall I do first?

D Please clean the table.

① A － C － D － B
② B － A － D － C
③ C － A － B － D
④ D － B － C － A

☐ (2) John ：Look, Emily, there's a new movie playing at the theater.

Emily ：Yes. I heard it was really exciting. （ 1 ）

John ：OK. （ 2 ）

Emily ：（ 3 ）

John ：OK. （ 4 ）

A When should we meet?

B Sounds good!

C Why don't we go and see it on Sunday?

D What about 3 p.m., outside the movie theater?

① D － B － C － A
② A － C － B － D
③ C － A － D － B
④ B － D － A － C

2 次の各会話文で，下線を施した語（句）の中で最も強く発音されるものを，次のうちからそれぞれ選び，番号で答えなさい。

☐ (1) "What time do you wake up every morning?"
   "I <u>wake</u> <u>up</u> at <u>6 o'clock</u> <u>every morning</u>."
   ① wake   ② up   ③ 6 o'clock   ④ every morning

☐ (2) "Why did you eat such a large breakfast?"
   "<u>Because</u> <u>I</u> <u>was</u> so <u>hungry</u> this morning."
   ① Because   ② I   ③ was   ④ so hungry

☐ (3) "When did you learn that your favorite soccer team won the tournament?"
   "I watched <u>the news on TV</u> <u>this morning</u> and <u>it</u> <u>showed</u> the winning team."
   ① the news on TV   ② this morning   ③ it   ④ showed

3 次の英文を読んで，問1〜問8の英文に続くものとして最も適切なものをそれぞれ選び，記号で答えなさい。

"The next day was Sunday again. He ate through one nice green leaf. After that, he felt much better". These are lines from *The Very Hungry Caterpillar* by Eric Carle. Today, many parents read this story to their children. Since *The Very Hungry Caterpillar* was published, he has written more than seventy books, and more than 132 million copies of his books have sold around the world.

Eric Carle was born in Syracuse, New York, in 1929. When he was 6, he moved to Germany with his parents. He graduated from an art school there. However, his dream was to return to America because he had his happiest childhood memories there. In 1952, with 40 dollars in his pocket, he arrived in New York.

One day, Bill Martin Jr., a respected writer, called to ask Carle to draw pictures for his story. As a result, *Brown Bear, Brown Bear, What Do You See?* was published. It is still a favorite children's book everywhere around the world. This was the beginning of Eric Carle's career. Soon Carle was writing his own stories, too. His first original book was *1. 2. 3. To The Zoo*. After that, he wrote *The Very Hungry Caterpillar*.

Eric Carle uses his own colorful pictures to make his books bright and colorful. Also, his books are not only to read, but also to play with. In *The Very Lonely Firefly*, children can see lights on some pages. In *The Very Quiet Cricket*, they can hear the sound of a cricket's song. His books are sometimes called "toys that can be read" or "books that can be touched". Children also enjoy drawing pictures and send him their pictures. He receives hundreds of letters each week from his young readers.

Carle says, "With many of my books I try to bridge the gap between the home and school. To me home is warm, safe, full of toys, and a happy place to be. School is a strange and new place for a child. There are new people, teachers and classmates. I believe the trip from home to school is the second biggest problem of childhood; the first is, of course, being born. In both cases we leave a warm and safe place. When we don't know about something, we feel fear. In my books I try to change this fear into a positive feeling. I want to show them that learning is really both enjoyable and fun".

☐ 問1　Eric Carle ...
　　ア　was born in Syracuse, Germany.
　　イ　has sold 132 titles of picture books.
　　ウ　read his stories to children around the world.
　　エ　graduated from a German art school.

☐ 問2　Carle went to New York because ...
　　ア　he had a lot of money to enjoy his trip.
　　イ　he didn't have enough money to live in Germany.
　　ウ　he had a lot of good memories there in his childhood.
　　エ　he wanted to study at an art school in New York.

☐ 問3　*Brown Bear, Brown Bear, What Do You See?* ...
　　ア　was written by Bill Martin Jr., and drawn by Eric Carle.
　　イ　was written by Bill Martin Jr., and published by Eric Carle.
　　ウ　was written by Eric Carle, and sold by Bill Martin Jr.
　　エ　was written by Bill Martin Jr., and respected by Eric Carle.

☐ 問4　Carle's books ...
　　ア　have more words than other children's books do.
　　イ　are bright with colorful lights.
　　ウ　have less words than other children's books do.
　　エ　are called "toys that can be read."

☐ 問5　The readers of Carle's books ...
　　ア　enjoy drawing pictures themselves.
　　イ　enjoy drawing pictures on their books.
　　ウ　are young, but not children.
　　エ　receive hundreds of letters from Carle.

☐ 問6　According to Carle, school ...
　　ア　has a place for children to draw pictures.
　　イ　is a strange place with new people.
　　ウ　is a bridge between home and the world outside.

エ　has a lot of warm teachers and friends.

問7　According to Carle, 'being born' and 'the trip from home to school' are two big problems because …

ア　they are both enjoyable and fun but people don't know that.

イ　in both cases people have to leave a comfortable place and go to a new place.

ウ　they are both happy events but people don't know that.

エ　in both cases people have to change their fear into positive feelings.

問8　Through his books, Carle wants to …

ア　tell children that home is safe, and wants them to feel afraid of school.

イ　tell children that learning is fun and wants them to feel happy about going to school.

ウ　tell children that having a dream is great and wants them to feel easy about going to school.

エ　tell children that learning is fun and wants them to feel sad.

4　バッキンガム宮殿について書かれた次の英文を読んで，あとの各問いに答えなさい。

Buckingham Palace is in London, England. Buckingham Palace was built around 1705. It is famous because Queen Elizabeth of England lives there. She 　ア　 queen in 1952.

Buckingham Palace is a big and beautiful building. A flag flies over the palace. It flies on top of the palace when the queen is there. Queen Elizabeth and her family live on the second floor of the palace. The queen also has her office at the palace. Presidents, kings, and *politicians meet with her. Queen Elizabeth often asks important people to eat dinner at the palace. She also has three garden parties in the summer. She invites 9,000 people to each party! A lot of people meet the queen.

Buckingham Palace is like a small 　イ　. It has a police station, a hospital, two post offices, a movie theater, a swimming pool, two sports clubs, a garden, and a lake. The palace has about 600 rooms. Almost 400 people work there. Two of them have very *unusual jobs. They take care of the clocks. There are 300 clocks in Buckingham Palace!

Queen Elizabeth's day starts at 7:00 in the morning. Seven people take care of her. One person prepares her bath, and another person prepares her clothes. Another person takes care of her dogs. The queen loves dogs. Right now, she has eight dogs. Every day, a man brings food for the dogs to Queen Elizabeth's room. The queen puts the food in the bowls with a silver spoon.

At 8:30 every morning, the queen has breakfast with her husband, Prince Philip. They drink a special coffee with hot milk. During breakfast, a musician plays *Scottish music outside. Then Queen Elizabeth works in her office the rest of the morning. After lunch, she visits hospitals, schools, or new buildings.

Parts of Buckingham Palace are open to visitors in August and September. Visitors can see the "state rooms." In those rooms, the queen usually *entertains presidents and kings. But, visitors, don't think you are going to see the queen... In August and September, *Her Majesty is on vacation.

（出典：Milada Broukal, What a World Reading 1 (Second Edition), Pearson Japan）

（注）　politician　政治家　　unusual　珍しい　　Scottish　スコットランドの

　　　　entertain　もてなす　　Her Majesty　英国女王陛下

□　問1　右の表は，本文中に出てくる
数字についてまとめたものである。
 1 ～ 3 にあてはまるものを次のう
ちから選び，番号で答えなさい。
① エリザベス女王の犬
② 夏に開くパーティー
③ 郵便局
④ 宮殿内の部屋

項　目	数
1	3
各パーティーへの招待客	9,000
2	600
宮殿内で働いている人	400
宮殿内にある時計	300
3	8

□　問2　本文の内容に合うように， ア 　 イ にあてはまる最も適切な語をそれぞ
れ選び，番号で答えなさい。

 ア ① met ② became ③ had ④ chose
 イ ① house ② ship ③ town ④ building

問3　以下の質問に対する最も適切な答えを次のうちからそれぞれ選び，番号で答え
なさい。

□　(1)　Why is Buckingham Palace famous?
① Because it was built around 1705.
② Because Queen Elizabeth of England lives there.
③ Because it is a big and beautiful building.
④ Because a flag flies on top of the palace.

□　(2)　What does the queen do after lunch?
① She drinks a special coffee with hot milk.
② She puts the food in the bowls with a silver spoon.
③ She works in her office.
④ She visits hospitals, schools, or new buildings.

□　(3)　When can you visit some of the rooms in Buckingham Palace?
① All year.
② In August and September.
③ When the queen is there.
④ When the queen entertains presidents and kings.

□　(4)　Which sentence is correct about the story?
① There are 300 clocks in Buckingham Palace, and seven people take care
of them.
② One person prepares the queen's bath and her clothes in the morning.
③ The queen has breakfast at 8:30 in the morning.
④ While the Buckingham Palace is open to visitors, visitors can see the
queen.

5 次の(1)～(6)の英文中の〔　〕内の語群を，日本文の内容に合うように正しく並べ換え，（a）・（b）にあてはまるものを記号で答えなさい。ただし，文頭にくる語も小文字で示してある。

□ (1) オリビアは，絶えずお腹がへっているとはどのようなものなのだろうと思った。
Olivia〔ア wondered　イ to　ウ was　エ what　オ going　カ it　キ feel〕like to be continuously hungry.
Olivia〔（　）（　）（ a ）（　）（　）（ b ）（　）〕like to be continuously hungry.

□ (2) 私が川に着いたとき，泳ぎを楽しんでいる若者がいた。
When I arrived at the river, there〔ア swimming　イ were　ウ were　エ people　オ young　カ enjoying　キ who〕.
When I arrived at the river, there〔（　）（ a ）（　）（　）（　）（ b ）（　）〕.

□ (3) サンディはトムにその壊れた花瓶を片づけるように頼んだ。
Sandy〔ア clear up　イ asked　ウ broken　エ Tom　オ the　カ vase　キ to〕.
Sandy〔（　）（　）（　）（ a ）（　）（ b ）（　）〕.

□ (4) 私はあなたほどテニスはしない。
〔ア I　イ as　ウ as　エ play tennis　オ you　カ often　キ don't〕.
〔（　）（ a ）（　）（　）（ b ）（　）（　）〕.

□ (5) まだ出かけるべきではないと思う。
I〔ア we　イ out　ウ go　エ don't　オ should　カ think　キ that〕yet.
I〔（　）（ a ）（　）（　）（　）（ b ）（　）〕yet.

□ (6) そのジャケットがそんなに高くないなら買う。
〔ア too　イ if　ウ expensive　エ buy　オ I'll　カ it isn't　キ that jacket〕.
〔（　）（　）（　）（ a ）（　）（ b ）（　）〕.

出題の分類

① 長文読解　　④ 和文英訳

② 正誤問題　　⑤ 会話文読解

③ 長文読解

▶解答・解説は P.100

時　　間：50分
目標点数：80点

1回目	/100
2回目	/100
3回目	/100

1 次の文章はエミ(Emi)が書いた英文日記である。ただし，A～Dは書かれた順番に並んでいない。これらを読んで，あとの各問いに答えなさい。

Last weekend we had our two-day high school festival. On Saturday, the first day of the festival, we had a sports contest. All of the students *were divided into two teams: the Red team and the White team. The two teams *competed against each other in many different sporting events. I was a member of the Red team.

A

On the second day of the school festival, we had *cultural events and student presentations. There were many displays of student *artwork and posters explaining our science projects. My own science project on paper airplanes won the first prize for my class. Our class also performed a comical play during the festival. All of my classmates and I joined the play. It was a big success and the *audience laughed. Before the play started, I was very afraid of being one of the actors, but during the play I could relax and have fun. So it was a good experience for me to *overcome my *fear of being on stage.

B

I was very tired after the school festival ended. But the next day there was no school, so I relaxed at home all day. When I went back to school on Tuesday, my friends and I talked a lot about our fun experiences during the festival.

C

The final event of the school festival was the student chorus performances. Each class sang a different song. We practiced every day for several months to prepare for this event. I'm not such a good singer, but thanks to the practice, my singing got much better. And our class sang very well on the day of the festival.

D

My favorite event was the relay race. I was one of the fastest runners, and our team won the race. But, *unfortunately, we did not win the sports contest. The White team won, by a score of 390 points to 345 points. I was not happy that we did not win, but I enjoyed the day very much. We were also lucky because the weather was perfect: sunny but not too hot. After the first day of the sports contest, ☐ My parents took my sister and me to my favorite sushi restaurant, and I ate a lot!

（注）　be divided into ～　～に分けられた　　compete　競争する　　cultural　文化的な

artwork　手工芸品　　audience　観客　　overcome ～　～を克服する　　fear　不安

unfortunately　あいにく

□　問 1　本文中のＡ～Ｄの段落を書かれた順に並べ換えたものとして最も適切なものを次のうちから選び，記号で答えなさい。

　　ア　A→D→B→C　　　　　イ　A→D→C→B

　　ウ　D→A→B→C　　　　　エ　D→A→C→B

□　問 2　本文中の　　　　に入る語句を次のうちから選び，記号で答えなさい。

　　ア　I went out to dinner with my family.

　　イ　I enjoyed dinner at home.

　　ウ　My friends and I went out to dinner.

　　エ　I had dinner at home with my friends.

□　問 3　本文の内容に関する次の質問の答えとして最も適切な文を選び，記号で答えなさい。

　　　　What is the main topic of Emi's diary?

　　ア　Sports event at school

　　イ　Having fun with her teachers

　　ウ　School festival over the weekend

　　エ　Getting the first prize for the science project

□　問 4　本文の内容と一致するものを次のうちから選び，記号で答えなさい。

　　ア　The audience laughed because Emi was afraid of being an actor.

　　イ　Emi had no school on Monday and stayed home all day.

　　ウ　Singing in the school festival is one of Emi's favorite things.

　　エ　Emi's team won the sports contest, thanks to her fast running.

②　次の英文の下線部には**文法的に不適切な部分**がそれぞれ 1 箇所ある。記号で答えなさい。

□　(1)　Ken is (ア)one of the (イ)best baseball (ウ)players (エ)of my class.

□　(2)　The key (ア)that you (イ)are looking (ウ)for yesterday (エ)is on the table.

□　(3)　This is the (ア)most (イ)exciting movie I have (ウ)never seen (エ)in my life.

□　(4)　The weather (ア)will be nice (イ)this weekend. Let's (ウ)go fishing, (エ)shall I?

□　(5)　There (ア)were so many books in the library (イ)that I didn't know (ウ)which book (エ)choose.

3　次の英文を読んで，あとの各問いに答えなさい。

There is *nowhere like Scotland.

Scotland is a country in a country. It is part of Great Britain (England, Scotland, and Wales), and it is also part of the United Kingdom (England, Scotland, Wales, and Northern Ireland).

Scotland is in the north-west of Europe. It is often cold and *gray, and it rains a lot in some parts of the country.　①　the people of Scotland love their country, and many visitors to Scotland love it too. They love the beautiful hills and mountains of the north, the sea and the 800 islands, and the six cities — Edinburgh, Glasgow, Aberdeen, Dundee, Inverness, and Stirling. The country is special and ②*Scottish people are special too: often warm and friendly.

There are about five million people in Scotland. Most of them live in the south. Not many people live in the north of the country.

A Scottish person is also called a Scot. Scots are British, because Scotland is part of Great Britain, but you must not call Scottish people English! The Scots and the English people are　③　.

These days everyone in Scotland speaks English, but *at one time, people in the north and west of Scotland did not speak English. They had a different language, a beautiful language called ④Gaelic. About 60,000 people speak Gaelic now. But many more want Gaelic in their lives.

Scotland is not a very hot country. In the summer the *days are long and it can be warm. But in the winter the days can be just seven hours long, and it often rains.

For many years, Scotland was a poor country, but now ⑤things are better for most people. There is oil and *gas in the sea near Scotland. Edinburgh is an important place for money, and there are big banks there. People drink Scotch whisky, a drink made in Scotland, and it makes a lot of money for Scotland. Tourists visit this beautiful country and that brings money to Scotland too. Many people love living and working there, and more than 20 million visitors go to Scotland each year.

Scotland is a small country. Only five million people live there. But Scotland is very important for more people in other countries. ⑥Why is this?

In the 1800's many people left Scotland and went to other countries. People left their homes because they were very poor and hungry.

Sometimes the rich people there wanted them to leave. Many others from the south of Scotland left because they wanted a better life in a new country. Between the 1820's and 1914, more than two million people went from Scotland across the seas to the United States, Canada, Australia, and New Zealand. More went in the 1920's. Today there are six million Scottish Americans in the USA. Every year many people walk through New York on 6 April — *Tartan Day. A lot of Scottish

Americans go back to Scotland as tourists. They want to find their past and to understand it.

So, Scotland is important in the story of other countries too. Two great Scots in the USA are ⑦<u>Alexander Graham Bell</u> (1847-1922) and ⑧<u>Andrew Carnegie</u> (1835-1919). Bell made the first telephone. He began the Bell Telephone Company in 1877, and by 1885 more than 150,000 people in the USA had telephones. In 1915 he made the first telephone call across the United States from New York to San Francisco. After he died in Canada, at the age of seventy-five, all the telephones in North America were quiet ⑨<u>for</u> one minute to remember him.

Andrew Carnegie's family left Scotland when he was eleven and went to the USA. Carnegie worked hard, and by the 1880's he had many business and was very rich — the richest man in the world. When he stopped working, he gave his money to other people. Carnegie's money built schools, universities, and other buildings in the USA, the UK, Australia, New Zealand, and Ireland. Today, his money still helps millions of people around the world every year.

Many Scots love to visit other countries and do new things. David Livingstone (1813-1873) went to Africa to begin schools and to ⑩ Africans about *Christianity. He was the first to go across Africa from the west to the east. Alan Bean (1932-) is a Scottish American. When he went to the moon in 1969 — only the fourth man to walk on the moon — he took some tartan with him. Scottish people like to go to new places!

Who is the most famous Scot in the world today? To many people it is the movie star Sean Connery (1930-). ⑪<u>Sean Connery do a lot of different jobs before he became an movie star</u>. Then in 1962 he was James Bond in the first James Bond movie. After this he was famous everywhere. He made six more James Bond movies, and made many other movies after that.

What is in the future for Scotland? Nobody knows. But it is always going to be a beautiful, special place. One day you may travel to the island!

(出典：Steve Flinders, Scotland 改変)

（注） nowhere　どこにも～ない　　gray　曇った
　　　 Scottish　スコットランドの, スコットランド人 (の)　　at one time　かつて
　　　 day　日の出ている時間　　gas　天然ガス　　tartan　タータン (スコットランドの民族衣装)
　　　 Christianity　キリスト教

□　問1　　① に入れるのに最も適切なものを次のうちから選び, 記号で答えなさい。
　　　　ア　But　　イ　So　　ウ　Because　　エ　For example

□　問2　下線部②とはどういうことか, 最も適切なものを次のうちから選び, 記号で答えなさい。

　　　ア　スコットランド人はスコットランド北部の丘や山が好きだということ
　　　イ　スコットランド人はしばしば温かく，友好的であるということ
　　　ウ　スコットランド人は五百万人もいるということ
　　　エ　スコットランド北部に住む人はあまり多くないということ

□　問3　　③　入れるのに最も適切なものを次のうちから選び，記号で答えなさい。
　　　ア　the same　　イ　friends　　ウ　different　　エ　friendly

□　問4　　下線部④に関する記述として最も適切なものを次のうちから選び，記号で
　　答えなさい。
　　　ア　現在使われている英語のもととなった言語である。
　　　イ　南部のスコットランド人がかつて使っていた言語である。
　　　ウ　現在はおよそ六万人が使用している言語である。
　　　エ　多くのスコットランド人が日常生活で使用している言語である。

□　問5　　下線部⑤とあるが，そのように言える理由として適切でないものを次のう
　　ちから選び，記号で答えなさい。
　　　ア　周辺の国から石油と天然ガスをもらっているから。
　　　イ　スコッチウイスキーという飲み物がお金をもたらしてくれるから。
　　　ウ　旅行者がお金をもたらしてくれるから。
　　　エ　多くの人が好んで住んだり働いたりしているから。

□　問6　　下線部⑥とあるが，その答えとして最も適切なものを次のうちから選び，記
　　号で答えなさい。
　　　ア　多くのスコットランド人が貧しい外国人を支援しているから。
　　　イ　多くのスコットランド人が外国へ移住しているから。
　　　ウ　ニューヨークにタータンデイという行事があるから。
　　　エ　アメリカ人は皆スコットランドの歴史に興味を持っているから。

□　問7　　下線部⑦に関する記述として最も適切なものを次のうちから選び，記号で
　　答えなさい。
　　　ア　1877年に電話を発明し，その後電話会社を創設した。
　　　イ　1885年にはまだ彼の発明した電話を持っているアメリカ人はいなかった。
　　　ウ　1915年には彼の電話会社が初めてサンフランシスコに支店を出した。
　　　エ　彼はアメリカで仕事をしていたが，75歳の時にカナダで亡くなった。

□　問8　　下線部⑧に関する記述として最も適切なものを次のうちから選び，記号で
　　答えなさい。
　　　ア　彼は11歳のときに単身でアメリカに渡った。
　　　イ　彼は数々のビジネスを成功させ，世界で最も裕福になった。
　　　ウ　彼は働きながらも，自らのお金で様々な国に学校や大学などの施設を作った。
　　　エ　現在も彼は世界を飛び回り，人々を助けている。

□ 問 9　下線部⑨の "for" と同じ用法の "for" が含まれているものを次のうちから選び，記号で答えなさい。

　　ア　I'm looking for that book.

　　イ　John bought a new dress for Mary.

　　ウ　It is important for you to study English.

　　エ　Bob has lived in Saitama for three years.

□ 問10　│⑩│に入れるのに最も適切なものを次のうちから選び，記号で答えなさい。

　　ア　teaching　　イ　tell　　ウ　taught　　エ　told

□ 問11　下線部⑪には文法的な誤りがいくつあるか，次のうちから選び，記号で答えなさい。

　　ア　1 つ　　イ　2 つ　　ウ　3 つ　　エ　なし

□ 問12　本文の内容と合うものを次のうちから 2 つ選び，記号で答えなさい。

　　ア　スコットランドは他の国には無い特徴を持つ特別な国である。

　　イ　スコットランドは天然資源が豊富な世界有数の経済大国である。

　　ウ　スコットランド人の中には新しい所に行くことを好む人があまりいない。

　　エ　スコットランド人の中には至る所に名が通った有名な映画俳優になった人もいる。

　　オ　スコットランドが将来どうなるかはだれが見ても明らかである。

④　次の日本語を英語に直しなさい。

□　(1)　午後は雨になるかもしれません。

□　(2)　医者になるために，ケンは一生懸命に勉強しなければなりませんでした。

□　(3)　あなたが昨日パーティーで会った男性は私のおじです。

□　(4)　暗くならないうちに家に帰りなさい。

□　(5)　ジムがどこに住んでいるか知っていますか。

⑤　高校生のマサト(Masato)と留学生のルーナ(Luna)が，ウェブサイトを見ながら話をしている。下の対話文を読んであとの各問いに答えなさい。

Masato : I'm so excited about going to the *funfair. I can't wait to go on the *rides.

Luna　 : Me, too. Look, they have *a Ferris wheel! I love Ferris wheels. You can see all around from the top. I have been on big Ferris wheels in London and Yokohama.

Masato : So, you want to ride on a Ferris wheel?

Luna　 : Yes. (　①　)?

Masato : I'd like to ride the *roller coaster. It's fast and exciting.

Luna　 : But I have only got 1,000 yen, so I can't do both.

Masato : I only have that much, too. We can't buy the one-day pass. Wait, the website says if you spend 1,000 yen on tickets, you get（ ② ）100-yen tickets. So we could go on both.

Luna　　: But we would have one ticket left over. What shall we do?

Masato : I know. How about going on the Ferris wheel, because you love it so much? Then, we can go（ ③ ）and finish at the tea cups.

Luna　　: Sounds good. The ghost house isn't fast, but it is exciting, and a little *scary. Tea cups are always fast and a lot of fun. That's a good idea.

Masato : No problem. I'm glad that we can use（ ④ ）. Shall we go there tomorrow?

Luna　　: Yes, but one more thing. The website says ☐ to get on the Ferris wheel, so it is better to bring something to *pass the time while we are waiting. I will bring some snacks to enjoy *in the line.

Masato : Good idea. I'll bring my digital camera to take many pictures of us and the rides.

Luna　　: That's nice. With the pictures, we can also show（ ⑤ ）to our classmates. Let's have fun tomorrow!

(注) funfair 遊園地　　rides 乗り物　　a Ferris wheel 観覧車　　roller coaster ジェットコースター
　　scary 怖い　　pass the time ひまつぶしする　　in the line 列に並んでいるとき

(1)　対話文中の(①) ～ (⑤)に入る最も適切なものを次のうちからそれぞれ選び，記号で答えなさい。

☐　① ア　How do you like the roller coaster　　イ　Do you know why l like it
　　　ウ　What do you want to ride　　エ　Why do you like it

☐　② ア　1　　イ　10　　ウ　11　　エ　12

☐　③ ア　to the ghost house　　イ　to the tea cups
　　　ウ　on the Ferris wheel　　エ　to the merry-go-round

☐　④ ア　all the rides　　イ　all of the tickets
　　　ウ　all of the problems　　エ　all day tomorrow

☐　⑤ ア　what ride we should get on
　　　イ　how many people we should meet
　　　ウ　how much we enjoyed the funfair
　　　エ　how much we should pay

☐　(2)　対話の流れに合うように，文中の ☐ に入る適切な英語を 5 語以上 7 語以内で書きなさい。

Joso Funfair

◆アトラクション

◆営業時間

◆乗り物待ち時間

◆料金ガイド

◆アクセスマップ

◆乗り物運休情報

◆お天気情報

◆ 乗り物待ち時間

今週のアトラクション　待ち時間（分）

①ジェットコースター	60	⑥幽霊館	10
②フリーフォール	40	⑦ティーカップ	15
③観覧車	50	⑧バルーンコアラ	10
④スイングアラウンド	55	⑨メリーゴーランド	40
⑤カーサーキット	30	⑩シュートザターゲット	30

※天候（降雨、強風など）によって運休する場合があります。詳細は◆乗り物運休情報をご覧ください。
※当日の詳しい待ち時間は、遊園地の各アトラクション前でも表示しています。

◆ 料金ガイド

ワンデーパスポート
（アトラクション利用放題チケット・当日のみ有効）

	料金（税込）
大　人（18歳以上）	2,800円
シニア（60歳以上）※1	2,300円
中　人（12〜17歳）※2	2,000円
小　人（6〜11歳）	1,500円
幼　児（3〜5歳）	500円

各アトラクション乗物券
（当日のみ有効）

乗物券	料金（税込）
100円券×1枚	100円
100円券×12枚	1,000円

※1　シニア割：シニアと入場する小人・幼児は500円引き
※2　高校生は、18歳でも中人扱いになります。

各アトラクション料金

乗り物	料金（税込）
①ジェットコースター	600円
②フリーフォール　③観覧車 ④スイングアラウンド	500円
⑤カーサーキット　⑥幽霊館	400円
⑦ティーカップ　⑧バルーンコアラ ⑨メリーゴーランド⑩シュートザターゲット	300円

60

第9回

出 題 の 分 類

① 長文読解　④ 文整序

② 長文読解　⑤ 適語補充

③ 自由英作文

時　間：50分
目標点数：80点

▶ 解答・解説は P.106

1回目	/100
2回目	/100
3回目	/100

① 　次の英文を読んで，問1〜問5の答えとして最も適切なものをそれぞれ選び，記号で答えなさい。

By now many of you have probably heard of the famous Canadian baseball team, the Vancouver Asahi. They were started in 1913 by a man named Harry Miyasaki. Harry was worried because the White Canadians and the Japanese Canadians were not getting along. The White people lived in the White part of town and the Japanese people lived in the Japanese part of town and they never really met. They spoke different languages, enjoyed different foods, and read different newspapers. But they did have one thing in common — they both loved baseball.

Harry thought that if he started a Japanese baseball team that could play against the White teams then Whites and Japanese could meet, and maybe get along better.

At first the Vancouver Asahi were not a great success. The White players were so much bigger and stronger than the Japanese ones. Harry realized that if the Japanese could not use their bodies to win, they needed to use their minds. He developed a style of baseball called "Brain Ball". His players would use bunting and fast running, instead of power hitting, to win games. Amazingly it worked and within three years the Asahi had gone from the bottom of the league to winning the championship. It also helped to improve relations between the White and Japanese community.

Of course, in the beginning, the Asahi only had Japanese fans. But after they showed how good their baseball skills were, they started to get White, Black, and Chinese fans too. Everyone came to respect the skill of the Japanese players.

Today there is a new Vancouver Asahi team which has not only Japanese players on it, but players from all different races and backgrounds.

Harry's dream of a Canada where all Canadians can get along is slowly coming true.

☐ 問1　The word "relations" in the last sentence of paragraph 3 is closest in meaning to:

ア　Family　イ　Diplomacy　ウ　Contact　エ　People

☐ 問2　What problem did the Japanese players have?

ア　At first, the Japanese players did not like baseball.

イ They could not live in Vancouver because of the laws.

ウ They could not hit the ball as hard as the White players.

エ They had a problem getting good uniforms.

☐ 問3 Why did Harry start the team?

ア To help the Japanese and White people get along better.

イ To help the Japanese play Brain Ball.

ウ To have Whites and Japanese live closer together.

エ To get more fans for the Japanese team.

☐ 問4 What can we understand from reading paragraph 4?

ア After some time, the team had only Japanese fans.

イ After some time, the team had players from many different backgrounds.

ウ After some time, the team had only Chinese players.

エ After some time, the team had fans from many different backgrounds.

☐ 問5 What kind of players would you NOT expect to find on the new Vancouver Asahi?

ア Black people 　　　イ White people

ウ Japanese people 　　エ None of these

2 次の英文を読んで，あとの各問いに答えなさい。

I began to cry from the *pain in my foot. Miss Bell told me to take off my shoe. But I didn't do so. "If I take it off, she and the other people will see the hole in my old sock." I thought.

"Come on, then. Let's go inside to the office."

(1)After us, there was a long line of my friends. Miss Bell said to them, "Stay there on the ground." I did my best to hold back my tears. But each time the thing *stung me, I said, "Oh, oh, oh!" I wanted to cry.

Mr. Stewart, the head of my school, came into his office.

"What happened?" he asked.

"Something is stinging her right foot, but she doesn't want to take off her shoe," said Miss Bell.

I was sitting on his desk. "Let me take a look." He was just trying to take the shoe off. Then I saw the hole. (2)I pulled the shoe and held it hard. Each time I felt the pain in my foot.

"Why don't you want to take off your shoe?" Mr. Stewart asked. Then he looked from me to Miss Bell and back me. _____(3)_____.

Miss Womble, another teacher, came into the office. "Can I help? I know her, she lives next door to me."

"I think *ants are in her shoes and stinging her, but she doesn't want to take off her shoes," said Miss Bell.

Miss Womble was a very nice person. She sometimes played together with us. (4)She put both hands softly on my shoulders and looked into my red eyes.

"Oh, yes," she said, *as if she remembered a fact. "I had a *bite from one of those ants. Do you know sock eaters? Before I got my shoe off, that ant ate almost all the *bottom of my sock." (5)She moved her head up and down and she looked at the other two teachers. "Must be sock-eater ants."

They moved their heads up and down, too, as if they also had (6)the same experience.

"Let me see here." She took my shoe off and looked at my foot. "I was right! Those sock ants have eaten some of her sock."

Then two red ants fell on the floor. They ran for the wall, but Mr. Stewart's shoe stopped them.

Miss Bell took a *cotton ball with *alcohol out of the *medicine box. And she put it on my foot. "I think she's going to be okay now." she said.

The bell rang. "It's class time." Mr. Stewart said. He and Miss Bell went back to their jobs.

"You were a very brave girl. I think you should put this shoe here and take the sock off for some time." she said. "Wait for me after school, and we'll walk home together."

(7)*Pride can be a wonderful, but sometimes bad thing. I knew that Miss Womble *saved my pride with (8)her sock-eating ant story.

She knew how I was feeling. I just didn't want to show that I was poor.

This kind understanding teacher taught me a lesson of ___(9)___ . And I have tried to use it in my thirty-seven years of teaching.

（注） pain 痛み　　sting ～を刺す　　ant アリ　　as if まるで～かのように

bite （虫などに）刺されること　　bottom 底　　cotton 綿　　alcohol アルコール

medicine 薬　　pride 自尊心　　save 守る

次の質問 (1) ～ (10) の答えとして最も適切なものをそれぞれ選び, 記号で答えなさい。

□　(1)　下線部(1)について, 下の英文の空所にあてはまるものはどれか。

The writer's friends _____ and made a long line after Miss Bell and the writer.

ア　knew what Miss Bell and the writer was going to do

イ　liked Miss Bell very much and wanted to be with her

ウ　played on the ground and found a big hole there

エ　wanted to know what was happening to the writer

□　(2)　What do we know from the underlined part （　2　）?

　　ア　The writer's shoes were too small to take off by herself.

　　イ　The writer wanted to keep the hole in her sock a secret.

　　ウ　The writer was afraid that her shoes would be taken away somewhere.

　　エ　The writer didn't want to show her shoes to anybody.

□　(3)　本文の空所(3)にあてはまるものはどれか。

　　ア　He didn't know what to do next

　　イ　He wanted to go back to his class

　　ウ　He was looking for Miss Womble

　　エ　He wanted to know why the writer was on his desk

□　(4)　What can you tell from the underlined part （　4　）?

　　ア　寒さで震える筆者の肩を Miss Womble が優しく抱きしめているということ。

　　イ　目を怪我した筆者のことを Miss Womble がいたわっているということ。

　　ウ　事情を察した Miss Womble が，筆者のことを心配しているということ。

　　エ　責任を感じた Miss Womble が，筆者の顔をのぞき込んでいるということ。

□　(5)　What does the underlined part （　5　）show?

　　ア　Miss Womble didn't like ants and wanted to keep away from them.

　　イ　Miss Womble hoped that the other teachers would agree with her.

　　ウ　Miss Womble asked the other teachers to move outside the office.

　　エ　Miss Womble felt that some ants were walking up and down on her head.

□　(6)　What kind of experience the underlined part （　6　）was?

　　ア　靴下を食べるアリを見たという経験。

　　イ　アリが靴の中に入ってしまったという経験。

　　ウ　靴の中に入り込んだアリに噛まれたという経験。

　　エ　アリに靴下を食べられてしまったという経験。

□　(7)　What does the underlined part （　7　）mean?

　　ア　ある人にとっては自尊心は素晴らしいものであるが，別の人にとってはひどいものになる可能性があるということ。

　　イ　Miss Womble の自尊心はいつも素晴らしかったが，筆者の自尊心はときどきひどく傷つけられたということ。

　　ウ　人が自尊心を持つことは素晴らしいが，そのために大変な目に遭うこともあるということ。

　　エ　筆者の自尊心は素晴らしかったが，それによって Miss Womble に辛い思いをさせてしまったということ。

□　(8)　What was the underlined part （　8　）?

　　ア　筆者のために Miss Womble がその場で作り上げた話。

　　イ　Miss Womble の近所の子供たちが実際に体験した話。

　　ウ　一緒に遊んでいるときに Miss Womble が筆者に聞かせた話。

エ　他の先生達は忘れていたが，Miss Womble だけが覚えていた話。

☐ (9) 本文の空所(9)にあてはまるものを日本語で表すとしたら次のどれがよいか。

　　ア　好奇心　　　イ　勇気　　　ウ　恥ずかしさ　　　エ　思いやり

☐ (10) What is the writer now?

　　ア　a nurse　　イ　a writer　　ウ　a teacher　　エ　a scientist

---

3 ☐ あなたのクラスで「学校に制服(school uniforms)は必要である」というテーマで 2 つのグループに分かれて，討論(ディベート)を行うことになった。あなたは A グループとなり，このテーマに賛成の立場となった。制服に反対する B グループに対して，あなたが制服の必要性を説明する点を 5 文以上，合計 25 語以上を用いた英語で答えなさい。なお，ディベートの最後は So we need school uniforms. となるようにしなさい。ただしこの英文は語数のカウントの対象とはならない。

---

4 ☐ 次の各問いに答えなさい。

☐ (1)　次の英文を意味が通るように正しい順序で並べ換えた場合，<u>3 番目にくるもの</u>はどれか，次のうちから選び，番号で答えなさい。

　　① I started guitar lessons when I was six years old.

　　② Now, it is a very important part of my life.

　　③ Since then, I have practiced the guitar very hard.

　　④ I like to play the guitar.

☐ (2)　以下の英文のあとに意味が通るようにア～エの英文を並べ換えた場合，正しい順番になっているものはどれか，次のうちから選び，番号で答えなさい。

　　The English language is spoken today in parts of Europe, the Americas, Asia, Africa, Australia, New Zealand, and in some of the islands of the Atlantic, Indian, and Pacific Oceans. 　⇒　　⇒　　⇒　　.

　　ア　It is also used as a second language by a similar number of people, and as a foreign language by hundreds of millions more.

　　イ　Because so many people, in so many places, speak or use English, it is often called a 'world language'.

　　ウ　It is spoken as a first language by 370 to 400 million people.

　　エ　English is probably used in some way by about a quarter of all people in the world.

　　①　エ－ウ－イ－ア

　　②　イ－ア－エ－ウ

　　③　ア－エ－イ－ウ

　　④　ウ－ア－エ－イ

5　次の英文の（　　）内に入れるのに最も適した語句をそれぞれ選び，記号で答えなさい。

☐　(1)　"(　　) watch is this?" "It's my mother's."

　　　ア　What　イ　Who　ウ　Whose　エ　Which

☐　(2)　Did you sleep (　　) last night?

　　　ア　good　イ　well　ウ　a few　エ　many

☐　(3)　He has (　　) as I.

　　　ア　as much book　　　イ　many as books

　　　ウ　as many books　　　エ　much as books

☐　(4)　She (　　) her friend in the classroom.

　　　ア　is saying　イ　is talking　ウ　is talking with　エ　is speaking

☐　(5)　Tom came from Australia (　　) April.

　　　ア　in　イ　on　ウ　at　エ　from

☐　(6)　He (　　) the same book that his brother has.

　　　ア　is wanting　イ　want　ウ　wants　エ　was wanting

☐　(7)　This new smartphone is (　　) expensive to buy.

　　　ア　so　イ　many　ウ　too　エ　much

☐　(8)　He (　　) his students a story book.

　　　ア　paid　イ　worked　ウ　spoke　エ　read

☐　(9)　That building (　　) you can see over there is our school.

　　　ア　what　イ　which　ウ　who　エ　where

☐　(10)　"Thank you for helping us." "My (　　)."

　　　ア　welcome　イ　thanking　ウ　please　エ　pleasure

60

第
10
回

出題の分類

① 長文読解 ④ 同意文書き換え
② 長文読解 ⑤ 条件英作文
③ 語彙

▶解答・解説はP.111

時　　間：50分
目標点数：80点

1回目	/100
2回目	/100
3回目	/100

1 Ⓐ プレゼンテーション原稿を読んで，あとの各英文の空所に入る最も適切なもの
をそれぞれ選び，記号で答えなさい。

Today, I'm going to tell you about the food shops at
the local mall. The mall has eight shops in the food
court. I asked the owners of the shops about their sales.
I was able to get the data from four owners. Look at
the graph. It shows the average monthly sales of the
stores in each season. As you can see, the sales change
a lot during the year. For example, Jane's Ice Cream's
sales are highest from July to September, but not so
high in other seasons. July, August, and September
are the hottest months, so I think that's why the shop had high sales. However,
ABC Pizza's sales were the lowest of the four shops in summer but increased after
summer. The owner said that people eat a lot of pizza during the Christmas season.
Delicious Burger's sales are higher than other shops in many months, but lower
than the ice cream shop's in summer. I think that the shop is very popular with
high school students, but during summer vacation they don't often come to eat
burgers. Spicy Chinese had the smallest change during the year.

Monthly Sales in 2017

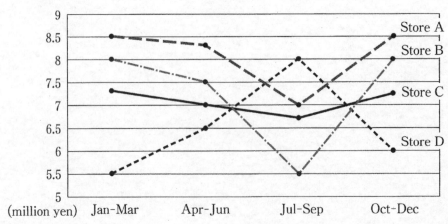

□ （1）　The speaker got the sales data from _____ in the food court.
　　　ア　all the shops
　　　イ　almost all the shops
　　　ウ　half of the shops
　　　エ　about a quarter of the shops

□ （2）　Store B in the graph is _____.
　　　ア　Jane's Ice Cream　　　イ　ABC Pizza
　　　ウ　Delicious Burger　　　エ　Spicy Chinese

□ （3）　The graph tells us that the sales for _____ are the lowest of the four shops
　　　from October to December.
　　　ア　Jane's Ice Cream　　　イ　ABC Pizza
　　　ウ　Delicious Burger　　　エ　Spicy Chinese

□ （4）　The speaker thinks Store A's sales are lower from July to September than
　　　in other months because _____.
　　　ア　fewer students come to the shop
　　　イ　they are the hottest months
　　　ウ　people don't have enough time to visit the food court
　　　エ　spicy food is not popular in summer

Ｂ　動物に関する記事を読んで，あとの質問に対する最も適切な答えをそれぞれ選び，
　記号で答えなさい。

Emperor Penguin

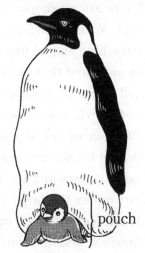

pouch

　The emperor penguin is the largest of the 17 types of penguins in the world. They make families in a unique way. First, they spend several weeks finding a partner, and then each female emperor penguin produces one single egg in April or May. Surprisingly, the mother penguins leave the eggs without taking care of them! The eggs' fathers put them on their feet and cover them with their pouches. It is warm enough to keep the eggs safe. The fathers keep standing with the eggs for about 60 days without eating, even in the cold temperatures and heavy storms. Then, the babies are born and the mothers return from the sea. They keep food in their stomachs and give it to the baby penguins. Then, the fathers go to the sea to get their own food, and the mothers take care of the baby penguins. In December, the baby penguins are old enough to go to the sea and fish for food.

□ (5) How many eggs does a female emperor penguin produce at one time?
　　ア　Only one egg　　　イ　Two or three eggs
　　ウ　Seven eggs　　　　エ　Seventeen eggs

□ (6) After an egg is produced, what does the egg's father do?
　　ア　The father goes to fish in the sea.
　　イ　The father keeps the egg warm.
　　ウ　The father eats a lot of food.
　　エ　The father looks for a new partner.

□ (7) Which is true?
　　ア　The father penguins spend two months with their eggs before their birth.
　　イ　There are more than 20 types of penguins in the world.
　　ウ　The baby penguins are too young to fish for food in December.
　　エ　It takes a few days for emperor penguins to find a partner.

□ (8) Which is the best title for this passage?
　　ア　The Differences Between Emperor Penguins and Other Penguins
　　イ　The Interesting Body Features of Emperor Penguins
　　ウ　How Emperor Penguins Find Partners
　　エ　How Emperor Penguins Take Care of Their Babies

2　次のココナッツの木(coconut tree)に関する英文を読んで，あとの各問いに答えなさい。

Imagine you are on an *island in the *middle of the ocean. There are no people. There are no shops. There are no supermarkets or restaurants. What would you eat? What would you drink? How could you make a house? A boat? Or even something simple like a cup or *bowl? Well, if you are lucky you may find yourself on an island that has coconut trees. A coconut tree can give you all of these things and more. So, the coconut tree is often called the "tree of life".

First, what does a coconut tree look like? Well, the coconut tree has no branches which grow out of a trunk. It only has a long straight trunk. It has large fan-shaped leaves that are found at the very top of the tree. The tree can grow as high as 30 meters and the leaves can be as long as six meters. At the top of the tree, just under the large leaves are found large *round nuts that *weigh up to 2kgs. The trees are found outside of Europe, mainly in Asia, Africa, Central and South America, and the islands of *the Pacific Ocean.

Where did the coconut tree get its underlying(unusual) name? The name actually comes from the Spanish language. The old Spanish *explorers first wrote about this tree which they saw for the first time in Guam and the Philippines about 500 years ago. They thought the large nuts looked like human heads. The Spanish word for head is "coco" so they called them "coconuts".

These early Spanish explorers were amazed to see how *local people could use the tree for many different things. Let's take a quick look at the many uses of the coconut tree:

1. Food

Coconuts can be eaten. Not the hard *outer shell but the soft part of the coconut that is found near the *center of the nut. This part is soft and white and can be eaten right from the shell or it can be used for making other dishes like curry. It is not only nice to eat but also very healthy.

2. Drink

At the very center of the nut we can find coconut water. It is great for your health and is popular with people who play sports. You can drink it right from the coconut!

3. Oil

The soft part of the inside of the coconut has a type of oil. It can be used for *dry skin, dry hair, and sunburn. It is also used as a healthy oil for cooking.

4. Bowls, cups and *spoons

The shells can be used to make bowls or cups. With a little work, the shells can be made into spoons or other useful things needed for cooking or eating.

5. Music

The shells can be cut in half and covered in *leather to make a small drum or as part of a guitar or a violin. We can often see these things in places like Okinawa, China, the Philippines, and Vietnam. The trunk of the tree can be cut into different sizes to make drums that can be heard from a far-off place. They are used by island people to communicate with people who are far away from them.

6. *Rope or *string

The outer shell of the coconut can be used to make string that can then be used to make fishing nets. Coconut string can also be joined with other pieces of string to make a very strong rope that can be used for many things.

7. Fuel

The outer shells can be dried and then used as fuel to make fires. The smoke from a fire made with coconut shells also keeps away *mosquitoes and other *insects.

8. Making a house

The coconut tree is not as hard as many other trees and can be cut into long, thin pieces with simple stone tools. These pieces can be used to make many things, even a house. The long leaves of the coconut tree can be used to make a *roof or *walls. Simply place the leaves side by side on a *wooden frame. *Tie them onto the frame with your coconut string and you have a very useful roof to keep out the rain or walls to keep out the wind.

9. Useful things

The long leaves of the coconut tree can be separated and then *woven together to make baskets that are very strong and can be used for a long time. The leaves can also be used to make umbrellas, floor *mats, or even clothes.

10. Tools for traveling

Perhaps the most important thing that coconut trees can be used for is to make a raft which you could use to get away from the island. The simplest way is to make a net from the coconut rope and then fill the net with coconuts. The coconuts will *float and because they are kept in the net you can float on top of them. When you get hungry you can eat the coconuts! If you are planning a longer trip you can make a larger raft from coconut trees. Simply tie them together with your coconut rope. Then make a *sail from the leaves of the coconut tree. The people of Hawaii and Tahiti used these rafts to float across large parts of the Pacific Ocean. They even carried their *pigs with them!

So as you can see, the coconut tree really is the "tree of life" for many people. It has many uses and may save your life some day!

(注) island 島　middle 真ん中　bowl 鉢　round 丸い　weigh 重さがある
the Pacific Ocean 太平洋　explorer 探検家　local 現地の　outer shell 外側の殻
center 中心　dry 乾いた　spoon スプーン　leather 皮革　rope ロープ
string 糸　mosquito 蚊　insect 昆虫　roof 屋根　wall 壁
wooden frame 木の枠　tie 結ぶ　woven weave「編む」の過去分詞形　mat マット
float 浮かぶ　sail 帆　pig 豚

□　問1　ココナッツの木の様子に関して，本文の内容に合っているものを次のうち
　　　　から1つ選び，記号で答えなさい。
　　　　ア　ココナッツの木には枝が1本もない。
　　　　イ　ココナッツの木にはまっすぐ長い枝がある。
　　　　ウ　ココナッツの木の最上部には，扇型の小さな葉が生えている。
　　　　エ　ココナッツの葉のかなり下の方に実がなっている。

□　問2　第3パラグラフにある下線を施した unusual の意味に最も近いものを次の
　　　　うちから1つ選び，記号で答えなさい。
　　　　ア　strange　イ　exciting　ウ　normal　エ　useful

□　問3　本文でのいかだでの移動に関する記述の中で，述べられていないものを次
　　　　のうちから1つ選び，記号で答えなさい。

　　ア　ココナッツの実から作られた糸をより合わせたロープで網を作る。

　　イ　ココナッツの木の幹から作る材木は，軽いので水によく浮く。

　　ウ　ココナッツの葉から帆を作り，長距離の移動の際に使う。

　　エ　実際に以前使用されていた歴史がある。

　　オ　ココナッツの実を食料として使うことができる。

　　カ　移動の目的に応じて，大きさを調整することができる。

問 4　次の(A)～(E)の問いに対する答えとして最も適するものをそれぞれ選び，記号
　　で答えなさい。

☐　(A)　Why is the coconut tree called the "Tree of Life"?

　　ア　Because it gives life to many animals and flowers.

　　イ　Because it is a beautiful tree that is full of life.

　　ウ　Because it can help people in many ways.

　　エ　Because it has many living things on it.

☐　(B)　Why did Spanish explorers call a tree with nuts the "coconut" tree?

　　ア　Because they liked to eat coconuts.

　　イ　Because the nuts are similar to human heads.

　　ウ　Because they saw many heads of people who climbed up the tree.

　　エ　Because people on the island called it "coconut".

☐　(C)　How can a coconut help a person with dry skin?

　　ア　Its shell can be used as a skin medicine.

　　イ　The inside of the shell can be used to make clothes.

　　ウ　The inside of the coconut has a useful oil.

　　エ　The leaves of the tree can be used to make a medicine.

☐　(D)　Which of the following is NOT a use for the outer shell of the coconut?

　　ア　It can be used to make string.

　　イ　It can be used to make rope.

　　ウ　It can be used to keep away mosquitoes.

　　エ　It can be used to make a basket.

☐　(E)　How could the long leaves of the coconut tree keep you warm?

　　ア　They can be used to make nets.

　　イ　They can be used to make clothes.

　　ウ　They can be used to make an umbrella.

　　エ　They can be used to make shoes.

☐　問 5　本文の内容に合うものを次のうちから 1 つ選び，記号で答えなさい。

　　ア　ココナッツの木の高さは，少なくとも 30 メートルになる。

　　イ　初めてココナッツの木を見たスペイン人は，現地の人々がそれを食料として
　　　しか使わないのを見て残念に思った。

ウ　ココナッツの実のかたい殻は，カレーを盛る皿として使える。

エ　ココナッツの木の幹から取れる水分は，健康的でおいしいので現在も人気が高い。

オ　ココナッツの実から作ったドラムで，現地の人は遠くにいる人にメッセージをおくることができた。

カ　ココナッツの葉で，家の屋根や壁を作ることができる。

③　次のAとBの関係がCとDの関係と同じになるように，（　）内に適語を入れなさい。

	A	B	C	D
□ (1)	happy	happiness	different	（　　）
□ (2)	father	mother	son	（　　）
□ (3)	speak	spoken	leave	（　　）
□ (4)	tall	tallest	hot	（　　）

④　次の各英文と最も近い内容を表すものを次のうちからそれぞれ選び，記号で答えなさい。

□ (1) Harris is my friend whose father is a doctor.

ア　I have a friend whose name is Harris and his father is a doctor.

イ　The father of Harris is a doctor and they are friends.

ウ　I have a friend who is a doctor and his father is a doctor, too.

エ　My father is a doctor and Harris is my father's friend.

□ (2) Bill may go to France by plane.

ア　Bill will go to France by plane.

イ　Bill may be in France because of planes.

ウ　Bill may have a plane and go to France.

エ　Bill might fly to France.

□ (3) Jane isn't so good at swimming as she was.

ア　Jane was poor at swimming, but she isn't now.

イ　Jane swam better than she does.

ウ　Jane can swim well now.

エ　Jane swims better than she did.

□ (4) Tim has been dead since he went there.

ア　Tim was dead when he went there.

イ　Tim is dead, and he never went there.

ウ　Tim was dead, but is not dead now.

エ　Tim died when he went there.

□ (5)　There are a lot of flowers in William's room.
　　ア　A lot of flowers were in William's room.
　　イ　There are a lot of rooms in William's house.
　　ウ　William's flowers are over there.
　　エ　William's room has many flowers.

5　あなたは，英語の授業で，下の【テーマ】について議論することになった。賛成，
□　反対のどちらかの立場を選び，その理由を含めて，あなたの考えを英語 25 語以上，
　　35 語以内で書きなさい。

【テーマ】
Junior high school students shouldn't have a smart-phone.

《書き方の注意》
　・あなたの立場を示す文 〔(Ⅰ)(agree). か(Ⅰ)(disagree). のどちらか〕を
　　( )内に入れて書き始めることとし，この 2 語も語数に含めるものとする。
　・記入例にならい，符号(, . ?)などは，その前の語につけて書き，語数には含まな
　　いものとする。

記入例　　　(Ⅰ)　　　(disagree).　　　Ms.　　　Brown
　　　　　　likes　　　　cats,　　　　　　too.

(　　　　　)　(　　　　　).

　　　　25

　　　　　　　　　　　　　　　　　　35

解　答

1 問1 エ　問2 オ　問3 ウ　問4 イ　問5 オ　問6 イ
　　問7 エ

2 問1 ウ　問2 イ　問3 イ　問4 ア　問5 エ

3 (1) オ　　(2) ウ

4 (1) knives　(2) shopping[to shop]　(3) written　(4) coming　(5) his

5 3番目，6番目の順 (1) 3，5　(2) 5，7　(3) 5，8　(4) 1，5
　　(5) 1，4

配点 1 問7 5点　　他 各4点×6

　　 2 問2・問3 各4点×2　　他 各5点×3

　　 3 各4点×2　　4 各4点×5

　　 5 各4点×5 (各完答)　　計100点

解　説

1 （長文読解（物語文）：語句整序，語句補充，語句解釈，内容吟味）
(全訳)

　昔，森のすべての動物が集まり，学校を作ることにした。彼らはカリキュラムを作成するために一緒に座って，①その学校で何を教えるべきかについて話し合った。

　ウサギは走るのが得意だったので，我々は走ることを学ぶべきだと言った。鳥は飛ぶことが大好きだったので，飛ぶことは教えられるべきだと言った。魚は水の中に住んでいたので，②泳ぐことを学校の教科にしたいと思った。サルは木々の間に住んでいたので，我々は木登りの授業を受けるべきだと言った。

　他の動物たちも皆，自分たちの特技が教えられることを望んだ。彼らはこれらもカリキュラムに入れた。そして彼らは，全ての動物にカリキュラムの中の全てのコースを学ばせるという③間違いを犯した。

　ウサギは走るのが得意だった。しかし他の動物たちは彼に飛ぶことを学ぶべきだと言った。そして彼らは彼を木の高いところにのせ，彼にジャンプしろと言った。ウサギはかわいそうに木から落ちて脚を骨折した。そしてもはや上手に走ることができなくなってしまった。彼は走ることの成績が悪くなってしまった。

　鳥は飛ぶ授業で良い成績を取ることを確信していた。④しかし他の動物たちは彼女に，モグラのように土に穴を掘ることを学ぶべきだと言った。彼女は土を掘っているときに片方の翼を骨折

し，上手に飛べなくなってしまった。

⑤同じことが他の全ての動物たちに起きた。学期の終わりには，半数が怪我をし，もう半数が身体的にも精神的にも疲れてしまった。最優秀生徒は，どの科目もあまり良くないがどれもある程度はできるというウナギだった。

この話の趣旨は何か？　それは私たちに，若者は自分で誇りに思うべき独自の長所を持っている，ということを教えてくれる。学校の役割は，生徒それぞれの特技を見つけるということだ。

問1　talked about <u>what to teach</u> in（the school）　talk about ～「～について話す」〈what to ＋動詞の原形〉「何を～すべきか」

問2　全訳下線部参照。

問3　直後の making 以下が the mistake の内容を表す。

問4　however「しかしながら」

問5　全訳下線部参照。the same ～「同じ～」

問6　目的格の関係代名詞 which を入れる。

問7　エ　「ウナギは特技がなかったが，最も優秀な学生だった」が最後から 2 番目の段落の最終文と一致する。

[2]　（会話文読解：語句補充，指示語，内容吟味）

（全訳）

ナンシー：健，あなたはよく美物館に行きますか？

健　　　：はい，行きます。A<u>あなたはどうですか？</u>

ナンシー：ニューヨークにいたときはよく美術館に行きました。たくさんの絵がありました。有名な画家たちがそれらを①<u>描きました</u>。

健　　　：それはいいですね。日本で美術館に行ったことはありますか？

ナンシー：いいえ，ありません。この町，夢の森には美術館がありますか？

健　　　：はい，あります。私は 2 つの美術館を知っています。②<u>一つは大きく，もう一つは小さいです</u>。今，大きな美術館では，ヴァン・ゴッホの絵を何枚か見ることができます。

ナンシー：おや，本当ですか？　行ってそれらを見たいです。B<u>今日私たちはそこに行けますか？</u>

健　　　：はい。でも小さい美術館もまたよいと思います。

ナンシー：小さな美術館にもよい絵があるのですか？

健　　　：はい。生徒たちによって描かれたたくさんの絵がありました。それらの絵はヴァン・ゴッホの絵と同じくらいいいものです。そこで私の絵も見られます。

ナンシー：ああ，あなたの絵ですか！　私は③<u>それ</u>を見たいです。④<u>小さいほうに行きましょう</u>。

健　　　：わかりました。

ナンシー：C<u>どうやってそこに行けますか？</u>

健　　　：バスで行けます。私たちは学校の門の前でバスに乗ることができます。

ナンシー：わかりました。行きましょう！

問1　全訳参照。

問2　有名な画家が「描いた」という意味になるので，動詞の過去形を選ぶ。

問3　あとに続く内容から，美術館には大きなものと小さなものの2つがあるとわかるので，イを選ぶ。また，2つあるものについて説明するときは，〈one ～, the other …〉という表現を用いる。

問4　③は your picture を指し，④は art museum を指す。

問5　健の5番目の発言の内容に合うので，エを選ぶ。アはナンシーの3番目の発言の内容に合わないので，誤り。イは文中に書かれていない内容なので，誤り。ウは「常に」とは言っていないので，誤り。

[3]　(アクセント)

(1)　オのみ第2音節を強く発音する。他は第1音節を強く発音する。ア「村」，イ「ラケット」，ウ「イルカ」，エ「～を借りる」，オ「海外で[に]」

(2)　ウのみ第1音節を強く発音する。他は第2音節を強く発音する。ア「便利」，イ「消しゴム」，ウ「祭り」，エ「一緒に」，オ「バナナ」

[4]　(語形変化：語彙，動名詞，不定詞，分詞)

(1)　knife「ナイフ」の複数形は knives。

(2)　「～すること」の意味になるのは動詞の ing 形をとる動名詞，または〈to +動詞の原形〉の形をとる不定詞。

(3)　the book を分詞以下が修飾している文。the book は「(ヤスナリによって)書かれた」ので，過去分詞 written「書かれる」を使うのが適切。

(4)　直前の for は前置詞。前置詞の目的語に動詞がくる場合，その動詞は原則として動名詞(動詞の ing 形)となる。come の ing 形は coming。

(5)　his は「彼の(もの)」という意味の所有代名詞。所有代名詞は〈人称代名詞の所有格＋名詞〉を表し，ここでは his = his books という意味。

[5]　(語句整序：現在完了，不定詞，助動詞，関係代名詞，比較)

(1)　(I) have never been to Hokkaido since I was born(.)　have never been to ～「～へ行ったことがない」　since ～「～以来」　be born「生まれる」

(2)　(It) is not difficult for her to write letters in (English.)　〈It is … for +人+ to +動詞の原形〉「(人)にとって～することは…」

(3)　Would you like a piece of chocolate cake(?)　Would you like ～?「～をいかがですか」

(4)　This was the best plan we could think of (then.)　we の前に目的格の関係代名詞が省略されており，we could think of then が plan を修飾する。think of ～「～を考えつく」

(5)　He can swim faster than any other student in (this class.)　〈比較級＋ than any other ＋単数名詞〉「他のどの～よりも…」は比較級を使って最上級の内容を表す。

60 │ 第2回 │ 解答・解説

解　答

1　問1　①　sending　　②　were shown[were showed]　　③　made
　　問2　エ　　問3　（3番目）オ　　（5番目）ウ
　　問4　作業する必要のないときはイスになる机／雨が降ったら長くなるコート
　　問5　イ，カ
　　問6　（ア）It sounds like a good idea　　（イ）I have not finished this work yet
2　問1　ア　　問2　named　　問3　イ　　問4　エ
　　問5　[A]　to　　[B]　with　　[C]　at　　問6　ウ
　　問7　to lead a bus boycott　　問8　He was born in 1929　　問9　イ
3　(1)　ウ　　(2)　ア　　(3)　イ
4　(1)　イ　　(2)　ウ　　(3)　ア　　(4)　ア　　(5)　ウ　　(6)　ア　　(7)　エ
　　(8)　ウ　　(9)　イ　　(10)　イ
5　(1)　ウ　　(2)　エ　　(3)　ウ　　(4)　イ

- -

配点　1　問1　各3点×3　　問2・問3　各2点×2(問3は完答)
　　　　　他　各4点×5(問4は各4点，問5は完答)
　　　2　問5　各3点×3　　問7・問8　各4点×2　　他　各2点×6
　　　3　各2点×3　　4　各2点×10
　　　5　各3点×4　　計100点

解　説

1　（長文読解（説明文）：語形変化，語句解釈，語句整序，内容吟味，和文英訳）

（全訳）

　最近，コンピュータ上のデザインから本物の物体をプリントするプリンターが発明された。それらは今では可動部分がある物体さえもプリントすることができる。スポーツシューズや電話などの製品を工場で作って外国に①送る代わりに，企業はデザインを売ればよい。人々はそれらのデザインを買って，現地の「物体プリントショップ」や自宅でさえそれらの製品をプリントするようになるだろう。

　物体プリントは小型製品には素晴らしいだろうが，車のように大きい物を作るにはどうだろうか？　2010年，ロサンゼルスにおいて，ある自動車ショーを訪れた人々は，全く異なる車の製造方法を②見せられた。普通以上に軽くて強固な素材から③作られた車のために，並外れたデザインが存在した。最も驚くべきアイデアは，マイバッハ社のDRSだった。それは生きている素材から自身を作り出すという④次世代の車だ。それは植物のように成長する！

もし生きている素材を発明することができれば，それらは成長するために太陽からエネルギーを得るだろう。科学者たちは，それらの物質が成長して車の部品などの何かになるよう「命令する」特別な方法を開発するだろう。木の上で育つ果物のように，部品はだんだんと現れるだろう。企業は重い金属の部品を船で輸送する代わりに，様々な部品を育てるのに必要な情報を売買すればよくなる。

生きている素材を廃棄したら，地中のバクテリアがそれらを分解してくれる。廃棄物や汚染はまったく発生しない。将来，人々はイスや家など様々な製品を育てたいと思うかもしれない。生きている素材は今はまだ単なるアイデアであり，まだ作られていない。しかしいつか，工場が農場に変わるかもしれない！

私たちが望めば製品が変化するという世界を想像してほしい！ ハリウッド映画のように聞こえるかもしれないが，世界中の大学でたくさんの人々がこのアイデアを研究している。彼らはいつか，何百万ものナノボットが集まって物体に変化することが家庭で実現すると考えている。⑤それぞれのナノボットは，私たちの目には小さすぎて見えないだろう。⑥それらの物体は，私たちが望めば変化する。コンピュータがナノボットに，動いて他の形に変化するよう命令するだろう。いつかこのことが実現したら，私たちは何も捨てる必要がなくなる。もし必要のない物体があれば，それを何か別の物に変化させるのだ。

作業する必要がないときにはイスになる机や，雨が降ったら長くなるコートを想像してほしい。不可能なように聞こえるが，これが50年か100年後には実現すると信じている科学者もいるのだ！

問1　①　①を含む文の文頭にある Instead of は後ろに名詞を続けなければならないので，直後の動詞 make は動詞の ing 形をとる動名詞になっている。send はこの Instead of の後ろにつながる2つ目の動名詞であると考える。　②　②の主語は，「自動車ショーに訪れた人々」なので，車を作るための方法を「見せた」のではなく「見せられた」という意味になると考え〈be 動詞＋過去分詞〉の受動態にする。　③　③を含む文では，文頭の There were extraordinary designs for cars の部分で文の構成要素（主語＋動詞など）がそろっているため，make を made にし，made from extra-light and extra-strong materials が cars を修飾する分詞句にする。

問2　下線部④の直後の which から始まる関係代名詞節と，そのあとの1文を参照。

問3　(Each) nanobot will be <u>too</u> small <u>for</u> our eyes to see(.)〈too ＋形容詞または副詞 ＋ for A to ＋動詞の原形〉「とても～なので，A は…できない」

問4　全訳参照。第6段落第1文の2つの例をそれぞれまとめる。

問5　ア　「私たちが物体のプリント技術を使うと，車だけでなく住むことができる家も作ることができる」（×）そのような記述はない。　イ　「生きている素材が発明されたら，重い自動車部品を送る必要がなくなる」（○）第3段落最終文参照。　ウ　「生きている素材は地中のすべてのバクテリアを食べるので，廃棄物が生まれない」（×）第4段落第1文参照。素材がバクテリアを食べるのではなく，バクテリアが素材を分解する。　エ　「私たちは既に生きている素材を発明したので，いつでもそれを使うことができる」（×）第

第1回　第2回　第3回　第4回　第5回　第6回　第7回　第8回　第9回　第10回　解答用紙

4段落第3文参照。生きている素材は，まだアイデアの段階である。　オ　「筆者はハリウッド映画を見て，そこから生きている素材を作るアイデアを得た」（×）第5段落第2文参照。ナノボットはハリウッド映画に出てくるもののようだと言っているだけである。　カ　「ある物体を別の物体に変えることが将来できるようになると信じている科学者もいる」（〇）第6段落最終文参照。

問6　（ア）　第5段落第2文を参考にする。〈sound like ＋名詞〉「〜のように聞こえる」
　　　（イ）　第4段落の最後から2文目を参考にする。〈have[has] not ＋過去分詞＋yet〉「まだ〜していない」（現在完了の完了用法）

2　（長文読解（伝記）：語句補充，指示語，和文英訳，内容吟味）
（全訳）——

　マーティン・ルーサー・キング・ジュニアは，アメリカの公民権運動において最も重要なアフリカ系アメリカ人の指導者だった。a)彼は1929年にアトランタで生まれた。当時，アトランタはアメリカ南部で非常に裕福な都市だった。多くのアフリカ系アメリカ人の家族が，より良い暮らしを求めてアトランタに移り住んだ。

　キングは幼い頃，人種隔離についてあまり知らなかった。しかし彼は成長するにつれ，すぐに黒人たちは平等に扱われていないと気づいた。1900年代前半の南部において，アフリカ系アメリカ人たちは (あ)平等でない規則に基づき差別されていた。

　1953年，キングはアラバマ州モントゴメリーの教会で働き始めた。1年後，ローザ・パークス(い)という名の女性が逮捕された。当時，黒人と白人はバスで異なる席に座らなくてはならなかった。運転手はローザに席を白人に譲って後ろの席に行くよう言ったが，ローザはその運転手の言うことを聞かなかったため逮捕された。キングは①このことを知ると，バスのボイコットを始めようと決めた。②これが彼の人生を変え，彼を有名 (う)にし，彼はアメリカの公民権運動の指導者になった。彼はマハトマ・ガンディーの非暴力の抵抗に感銘を受けていたため，自分の活動をこのように率いることにした。このボイコットは成功した。彼は当時まだ26歳だった。

　1963年，キングは『私には夢がある』という有名な演説をした。演説の中で，彼は言った。「私には夢がある。いつか，黒人の少年少女が，白人の少年少女と，兄弟姉妹のように手をつなぎあうことができるという夢が」　彼の夢は黒人と白人が共に平和に暮らせることだった。

　この同じ年に，キングは39歳で，白人の男に殺された。アメリカ中の人々がこのニュースに驚き，悲しんだ。1986年，彼の誕生日はアメリカの祝日になった。キングは亡くなった (え)けれども，世界中の人々が彼をいまだに覚えていて，彼が全ての人々により良い世界を望んでいたことを覚えている。

——

問1　fair「公平な」
問2　A named B「Bという名のA」
問3　〈make ＋目的語＋形容詞〉「〜を…にする」
問4　though「〜だけれども」
問5　[A]　listen to 〜「（人の話）を聞く」　[B]　be impressed with 〜「〜に感銘を受け

る」 join hands with ～「～と手をつなぐ」 [C] at that time「当時」 be surprised at ～「～に驚く」

問6 直前の文の内容を指す ウ「ローザ・パークスが逮捕された」が適切。

問7 直前の文の不定詞句 to lead a bus boycott「バスのボイコットを率いる」を指す。

問8 be born「生まれる」 in ～「～年に」

問9 ア「キングは黒人は白人より優れていると思った」（×）そのような記述はない。 イ「ローザ・パークスは規則に従わなかったため逮捕された」（○） 第3段落第2～4文参照。 ウ「キングは幼い頃，差別されていた」（×）第2段落第1文参照。 エ「キングは黒人にとってより良い世の中にするため，白人とたたかった」（×）第4段落と第5段落の各最終文参照。

3 （アクセント）

(1) ウのみ第3音節を強く発音する。他は第2音節を強く発音する。

(2) アのみ第2音節を強く発音する。他は第1音節を強く発音する。

(3) イのみ第1音節を強く発音する。他は第2音節を強く発音する。

4 （語句補充：文型，副詞，不定詞，代名詞，現在完了，前置詞，接続詞）

(1) 「A：かわいいカバンですね！ どこで手に入れたのですか？／B：お店で買ったのではないのです。インターネットで手に入れました」 ア「情報」 イ「インターネット」 the Internet と the をつけて使われることにも注意する。 ウ「魔法，手品」 エ「意思疎通」

(2) 「この食べ物を英語で何と呼びますか？」 ア「（だれかと）話す，会話する」 イ「（口から音を出して）話す」 ウ「呼ぶ」〈call＋A＋名詞〉「Aを～と呼ぶ」（名詞）の部分が疑問詞の What となって文頭に出ている形。 エ「言う」

(3) 「A：アキラ，明日はどこに行きたいですか？／B：富士山はどうですか？ 早く出発すれば道はあまり混雑していないでしょう」 ア「（時間的に）早く」 イ「速い，迅速な」 speedy は名詞を修飾する形容詞。空所には動詞 leave を修飾する副詞を入れる。 ウ「速く，急いで」 エ「速い，速く」

(4) 「昨日，突然若い女の子が駅までの道を英語で尋ねてきたとき，鈴木さんはとても驚いた」 ア「突然」 イ「いつでも，どんなときでも」 ウ「通常，普段は」 エ「決して～ない」

(5) 「タクヤはテレビを見るのに多くの時間をかけすぎる。彼は宿題をする時間がない」「時間」という意味で用いられる time は不可算名詞（数えられない名詞）なので，不可算名詞とともに用いるウを選ぶ。 ア「たくさんの」とイ「ほとんどない」はどちらも可算名詞とともに用いる。 エ「（否定文で用いて）全く～ない」

(6) 「私の弟はときどき，寝る前にお話を読んでくれるように私に頼む」〈ask＋A＋to＋動詞の原形〉「Aに～するように頼む」

(7) 「私にはいとこが2人いる。1人は警察官として働いており，もう1人はビジネスマン

だ」〈one 〜 , the other …〉「（2つのうちの）1つは〜で，もう1つは…だ」

(8)　「彼女は今日，不在だ。彼女は東京へ<u>行って</u>しまった」　has gone は結果を表す現在完了で，「（〜へ）行ってしまった（その結果，今ここにいない）」ということを表す。

(9)　「あの古い車の値段は，この新しい車の<u>値段</u>よりも高い」　今回，空所に入る that は the price を言い換えている。このように〈the ＋名詞〉を言い換えるときは，that が用いられ，特に今回のような比較を用いた英文で使用されることが多い。

(10)　「ジャックは京都に<u>いる</u>間に，多くの寺社を訪ねた」　ア　「もし〜なら」（接続詞）イ　「〜している間に」（接続詞）　空所のあとに〈主語＋動詞〉（Jack was）が続いているので接続詞が必要。名詞の前に置く前置詞と区別する。　ウ　「〜の間に」（前置詞）エ　「〜まで」（接続詞としても前置詞としても用いる）

5　（語句整序：現在完了，動名詞，不定詞）

(1)　(I) have been <u>interested</u> in the rain forests <u>since</u> I was (a child.)　「（子供の頃から今まで）ずっと興味がある」という内容なので，be interested in 〜「〜に興味がある」を現在完了で用いる。「〜のときから［以来］」は since のあとに〈主語＋動詞〉を続けて表す。

(2)　Visiting Nagoya Castle <u>is</u> one of the purposes <u>of</u> their (trip.)　「名古屋城を訪れること」を動名詞を用いて visiting Nagoya Castle として主語にする。「〜の1つ」は〈one of ＋名詞の複数形〉で表す。purpose「目的」

(3)　It's difficult <u>for</u> him to <u>find</u> a job (in Osaka.)　「…することは（人）にとって難しい」という文。形式的な主語 it を用いて〈It is 〜 to ＋動詞の原形〉「…することは〜だ」の構文で表す。「（人）にとって」は〈to ＋動詞の原形〉の前に〈for ＋人〉を置いて表す。

(4)　(I) want this movie <u>to</u> keep attracting <u>people's</u> attention(.)　「私はこの映画に人々の興味を引き続けてほしい」と考え，〈want ＋ A ＋ to ＋動詞の原形〉「A に〜してほしい［A が〜することを望む］」の形にする。「〜し続ける」は keep 〜 ing で表す。attention「関心，注目」

第1回　第2回　第3回　第4回　第5回　第6回　第7回　第8回　第9回　第10回　解答用紙

解　答

1 問1 (1) イ　(3) イ　(5) イ　(10) イ　(12) ア　(13) イ

　　問2 (2)　　問3 (4) ア　(16) ア　　問4 ウ

　　問5 (7) ① neck　② for　③ fighting

　　　　(14) ① knowledge　② useful　③ north

　　問6 ウ　問7 twelve thousand

2 (1) ア　(2) イ　(3) ア　(4) エ　(5) ウ

3 (1) subject　(2) daughter　(3) airport　(4) coach　(5) furniture

4 (1) has lost　(2) each other　(3) he could　(4) painted by

　(5) Does, have to　(6) be kept cold

5 (1) オ　(2) イ　(3) エ　(4) ケ　(5) ウ

配点　1　問6　3点　　他　各2点×17(問5は各2点)

　　　2　各3点×5　　3　各3点×5

　　　4　各3点×6　　5　各3点×5　　計100点

解　説

1 (長文読解(説明文)：語句補充，用法識別，同意語，語句解釈，語句整序，英語表記)

(全訳)

　獲物を追いかけている間に全速力で(1)走っているチーターは，自然界で最も顕著に美しい光景の一つだ。わずか3秒でゼロから時速80キロメートルで(2)全力疾走する驚くべき能力で，チーターは陸上で最速の動物である。この大型のネコが最高速度で走っている(3)ときには，時速100キロメートル近くに達する。不運にもチーターの獲物になってしまった全ての動物にとって，ドラマはあまり長くは(4)続かない。チーターの全力疾走から逃れることができる(5)ものはない。それは単に時間の問題で，生存の可能性は一歩進むごとに減る。もしその動物が一度でもすべって転んだら，チーターの力強い脚が(6)捕食者と獲物との距離を縮めてしまう。だが，その動物がひとたび捕まえられたら，(7)チーターが獲物の①首を口でしっかりと押さえつけ，その動物が③戦うのをやめるの②を待つ間に，その動物はほどなくして死んでしまう。

　不幸にもチーターは，同様に自分自身の終結の初期にも直面しているのかもしれない。(8)この美しく，用心深い動物が深刻な絶滅の危機に瀕している。今日，野生で生息しているチーターは(9)12,000頭よりも少ないと推定されている。そんな驚くべき動物を失うということは考えられない，と思う人たちもいる。助ける(10)ために，ナショナルジオグラフィックは，ボツワナのモレミ動物保護区に任務遂行チームを送った。彼らの目的は，これらの素晴らしい動物をカメラで

とらえることによって命を救う(11)手助けをすることである。

　南アフリカのヨハネスブルクが，アフリカの奥地に入る前の，チームの最後の中継地点である。彼らは，ナショナルジオグラフィック誌に載せるチーターを(12)撮影するためにやってきた，そしてその遠征を率いるのはクリス・ジョンズで，25年間以上も(13)写真家をしている。クリスはこの旅を長い間計画しており，彼に同行するのは地元のガイドのデイブ・ハマンである。デイブは，人生の大半をアフリカの南部で過ごし，その地域をよく知っている。(14)2人の男が800キロメートル以上③北のボツワナや美しいオカバンゴ川の三角州に向かう際に，彼の①知識は②役に立つだろう。

　2人の男は，運転して通らなくてはならない荒れた土地のため，旅にはトラックを(15)使う必要がある。彼らはヨハネスブルクを出発し，(16)「奥地」に向かってうねるように進むにつれて，激しい雨の中を移動する。「奥地」というのは，アフリカの町や都市から離れた土地を表すのに一般的に使われている用語だ。のちに，トラックが荒れた道に沿って未開の地を進んでいくにつれ，1つの事実が明らかとなる。モレミ動物保護区内の彼らの目的地は，人間が簡単にはたどり着けない場所だということだ。

問1　(1)　(1) 以下 at full speed while it chases its prey までは A cheetah を後ろから修飾しており，「走っている」という意味の分詞になるので，running が適切。　(3)　「～の間，～のとき」という意味の単語が入るが，this giant cat is running と，＜主語＋動詞＞が続いているので，接続詞が入る。したがって，when が適切。during は前置詞。(5)　全訳参照。「何も～ない」という否定の意味になるので，nothing が適切。
(10)　in order to ～「～するために」　(12)　直前に to があるので，「～するために」という意味を表す不定詞の副詞的用法。動詞の原形が適切。(13)　(13) を含む who ……25 years までは，関係代名詞の非制限用法で，Chris Johns の説明を補足しているので，「写真家」という意味の photographer が適切。

問2　(2)　前の名詞 ability を修飾する不定詞の形容詞的用法。　(11)　「～すること」という意味で，補語になる名詞的用法。　(15)　「～をすること」という意味で，need の目的語になる名詞的用法。

問3　(4)　「続く」を意味する動詞なので，continue が適切。　イ「終わる」　ウ「最後の」エ「終える」　(16)　「奥地」，つまり都市や町とは離れている場所を表すので，the countryside「田舎，地方」が適切。　イ「港」　ウ「国家」　エ「木」

問4　全訳参照。　between A and B「A と B の間」「A と獲物の間の距離」と，「獲物」に対する言葉が入るので，「捕食者」が適切。

問5　全訳参照。(7)　②　wait for ～「～を待つ」　③　「戦う」を意味する fight が入るが，直前に stop があるので，動名詞 fighting に変える。stop ～ ing「～するのをやめる」　(14)　①②　「彼の知識は役に立つだろう」という意味になる部分。「彼の知識」が主語なので His knowledge，②には「役に立つ」という意味が入る。be 動詞に続くよう，形容詞 useful が適切。　③　north「北」

問6　This beautiful shy animal が主語。文末の extinct は「絶滅した」という形容詞。be in danger of ～「～の危機に瀕して」　前置詞のあとの動詞は動名詞にする。become は補

語をとる動詞だが，ア，イは become のあとに補語がないので不適切。

問7　英語で数を表す場合，単位(thousand や hundred など)は，複数形にはせず，単数のまま用いる。また，4ケタ以上の数字は，カンマの前後で3ケタごとに区切って読むので，「12,000」は twelve thousand となる。

2　(適文補充)

(1)　「A：明日の私たちの予定は何，お父さん？／B：動物園に行くのはどうだい？／A：それはすてきね！　友達も一緒に行っていい？／B：うん，もちろんだよ。お前たち全員を車で連れて行ってあげるよ。／A：本当？　ありがとう！／B：どういたしまして」友達も一緒に行ってもよいかという問いかけに対する父親の返答。その直後で「全員を車で連れて行く」と言っているので，肯定の内容になるアが適切。　イ「もちろん，私はできるよ」　ウ「それはそれほど簡単ではないよ」　エ「いいや，お前にはできないよ」

(2)　「A：こんにちは，アンディー。昨日，私の本を読んだ？／B：うん，とてもわくわくしたよ。早く次の話が読みたいな。／A：私もよ。ええと，今その本を持ってる？／B：いいや。家に置いてきたよ。明日学校に持って行くよ。それでいいかな？／A：いいわよ。実は，ミカがそれを読みたがっているの。／B：そうなの？」　貸した本を今持っているかと聞かれて，Bは No. と答え，家に置いてきたと言っている。このあとに，その本をどう返すかという内容が入ると会話が成り立つのでイが適切。　ア「僕にそれを持ってきてくれる？」　ウ「僕は昨夜，それを店で買ったよ」　エ「まだそれを読んでいないよ」

(3)　「A：すみません。このバスはヤマ市まで行きますか？／B：はい，でもその市のどの場所を訪れたいのですか？／A：ヤマ美術館です。／B：それでは別の方のバスに乗った方がいいですよ。あそこにあるバスです。／A：あの赤いのですか？／B：そうです」Bの空所の発言のあとで，Aが「あの赤いのですか？」と確認しているので，BはAが乗るべきバスを指し示したと考えられる。したがって，アが適切。　イ「それは間もなく来ますよ」　ウ「それは美術館のそばです」　エ「美術館までは歩いて行けます」

(4)　「A：トニー，君の助けが必要なんだ。／B：どうしたの？／A：まだ数学の宿題が終わっていないんだ。だから君の答えを見たいんだ。／B：何だって？　それはよい考えではないな。君がここでするなら手伝うよ。／A：いいよ。メアリーに頼むよ。／B：だめだよ。自分でそれをするべきだよ，ジャック！」　BはAの発言を聞いて，「それはよい考えではない」と言っているので，よくない行動と考えられるエが適切。　ア「今それを終わらせるつもりだよ」　イ「君のためにやってあげようか？」　ウ「僕は昨夜，テレビゲームをしていたんだ」

(5)　「A：もしもし。こちらはマヤです。エミリーはいらっしゃいますか？／B：こんにちは，マヤ。ビルです。すみませんが，彼女は留守です。／A：彼女は今，どこにいるのですか？／B：先生の家でピアノの練習をしています。でも，彼女は間もなく戻ってくると思います。／A：何時ですか？／B：そうですねえ，今2時だから，あと20分で帰るでしょう。／A：わかりました。あとでまたかけます。さようなら」　AはBの発言を聞いて「何時ですか？」と尋ねている。この問いに合う内容の発言は，「間もなく戻る」というウ。　ア「彼女に伝言を残したいですか？」　イ「彼女は土曜日の午後にピアノのけいこを受け始めました」

エ「そこへ行けば彼女に会えます」

3 （語句補充：名詞）

(1) 「私が学校で一番好きな<u>教科</u>は理科だ」 ヒント「学校や大学で勉強する知識分野」

(2) 「あなたは彼女に<u>娘</u>がいることを知っていますか？」 ヒント「人の女性の子供」

(3) 「どうすれば<u>空港</u>へたどり着けますか？」 ヒント「飛行機が離着陸する場所」

(4) 「<u>コーチ</u>が私にアドバイスをくれた」 ヒント「スポーツをする人やチームを指導する人物」

(5) 「私はその<u>家具屋</u>に行きたい」 ヒント「イス，テーブルそしてベッドのような大きなもの」

4 （同意文書き換え：現在完了，代名詞，比較，分詞，助動詞，受動態）

(1) 「彼女は腕時計を失くした。今それを持っていない」「彼女は腕時計をなくしてしまった」 現在完了で「失くしてしまい，今はない」と表す。

(2) 「私はユカを助けた。ユカも私を助けた」「ユカと私は助け合った」 each other「お互い」

(3) 「その男性はできるだけ速く泳ぎました」 as ～ as possible は「できるだけ～」という意味で，as ～ as one can も同じ意味を表す。過去の文なので，can も過去形の could にする。

(4) 「あれは絵だ。ボブがそれを描いた」「あれはボブによって描かれた絵だ」 過去分詞句 painted by Bob が picture を後ろから修飾する。

(5) 「ジョンは今晩彼女に電話しなくてはいけませんか？」 have to ～「～しなくてはならない」は do, does を用いて疑問文にする。

(6) 「氷があなたのオレンジジュースを冷たく保つだろう」「あなたのオレンジジュースは氷によって冷たく保たれるだろう」 受動態への書き換え。will のあとに〈be ＋過去分詞〉を置く。

5 （語句補充）

(1) miss は「～に乗り遅れる」，「～がいないのを寂しく思う」という意味。

(2) fall は「秋」という意味。fall in ～ で「～に落ちる」という意味。

(3) traffic light は「交通信号灯」という意味。light は「光」という意味。

(4) well done で「よくやったね」という意味。様態を表す副詞である well「よく」は，受動態で使われる場合，be 動詞と過去分詞の間に入ることが多い。well known は「よく知られている，有名な」という意味。

(5) hard は「難しい」，「一生懸命に」という意味。

解 答

1 問1 belonging 問2 ① 問3 seventy-one million
問4 Sea urchins were not eaten by sea otters 問5 キ
問6 野菜や果物を食べること 問7 イ 問8 ウ 問9 イ，オ，カ
問10 エ

2 問1 want 問2 オ→ウ→ア→イ→エ
問3 ① went ② more ③ buy

3 (1) イ (2) イ (3) ウ (4) ア (5) ア

4 (1) エ (2) ウ (3) イ (4) ウ (5) ア

5 (1) ② (2) ③ (3) ④ (4) ③

配点 1 問4〜問6，問10 各4点×4 他 各3点×8(問9は各3点)
2 問2 3点 他 各4点×4
3 各2点×5 4 各3点×5
5 各4点×4 計100点

解 説

1 （長文読解（論説文）：語形変化，語句解釈，英語表記，語句整序，内容吟味，要旨把握）
（全訳）

TEXT 1

オランウータンは大型動物だ。それらは腕が長くて尾がない，大きな猿のように見える。東南アジアの2つの大きな島でそれらを見ることができる。1つは，インドネシア，マレーシア，ブルネイに①属しているボルネオ島だ。もう1つは，インドネシアのスマトラ島だ。オランウータンは2種類しかいないと長く信じられていた。しかし2017年に，88年ぶりに新種が発見された。それらはスマトラ島に生息している。800頭しかいないので，我々が対策をしなければやがて死に絶えてしまうだろう。どうして死に絶えてしまうのだろうか。悲しいことに，我々がそれらにとって大きな問題なのだ。

オランウータンや他の多くの動物たちが熱帯雨林に住んでいる。しかしながら，インドネシアとマレーシアの両方で，油ヤシの大農場を作るために木がますます伐採されている。我々は多くの製品を作るのにたくさんのパーム油を使う。それは強いにおいがないので，多くの食品とよく合う。また世界で最も安い植物油でもある。それはマーガリン，チョコレート，アイスクリーム，石けん，さらには車や工場の燃料を作るためにも使われる。スーパーへ行ったら，「食用油」を使わないで作られたマーガリンを探してみてほしい。たいていは1つも見つけられないだろう。

表1を見てほしい。パーム油は挙げられた8つの植物油のうちの1つだが，2016年から2017年には②7,100万トンのパーム油が生産された。そして我々はますます多くのパーム油を生産している。このようにしてオランウータンは住む場所を失っている。

表1

世界の植物油の供給量および流通量 2016年～2017年	
製品	トン
ココヤシ	3,000,000
綿実	4,000,000
オリーブ	3,000,000
パーム	71,000,000
ピーナツ	6,000,000
菜種	27,000,000
大豆	54,000,000
ヒマワリ種	17,000,000
計	185,000,000

　オランウータンを救うために我々は何をすべきだろうか？　RSPO（持続可能なパーム油のための円卓会議）と呼ばれる非営利組織によって認証された製品を買うべきだ，と言う者もいる。そうすれば野生動物の住む場所は失われないだろう。しかし，RSPOは良い仕事をしていない，と言う者もいる。企業がルールを破ってもRSPOは何もできない，と彼らは言う。さらに，我々が日本の店で認証された商品を見つけることはとても難しい。我々の多くはどの製品がパーム油で作られているかがわからない，なぜなら個々の商品に貼られたラベルには「植物油」としか書かれていないからだ。我々はオランウータンに何が起きているかを知っているが，どうすればパーム油製品を買うのをやめられるのかがわからない。このようにして，我々はオランウータンにとって大きな問題であり続けている。

TEXT 2

　科学者でさえ，1つの種が死に絶えると環境に何が起こるかがわかっていない。ラッコを例にとってみよう。1990年代にカリフォルニアでその大型海洋生物が絶滅したあと，何が起きたのか？　もはや③ウニはラッコに食べられなくなった。ウニはどんどん増えた。それらは多くの海藻群を食べ尽くした。多くの種の住む場所が失われ，それらの種も絶滅してしまった。はじめにたった1つの種が死に絶えただけで，その後，他の多くの種も死に絶えたのだ。

　別の例もある。我々は鹿が我々の社会に④大きな問題をもたらすことを知らなかった。我々は最後のニホンオオカミを殺したとき，何が起こるかわかっていなかった。オオカミは鹿を食べるが，我々は⑤それらを全て殺してしまった。それで，どんどん増えた鹿が近くにあるあらゆる種類の野菜や果物を食べるようになったのだ。

　すべての動物は⑥複雑なつながりの中で生きている。もし1つの種が死に絶えたら，環境に何が起こるのかを理解するのはとても難しい。だからこそ我々は全ての種を守らねばならないのだ。

問1　「～している」という進行や継続を表す現在分詞の形にする。現在分詞は〈動詞のing形〉で，形容詞と同じように名詞の直前に置くのが普通だが，この文では belong ～ Brunei で意味のまとまりになるので，名詞 Borneo の直後に置かれて Borneo を修飾している。

問2　TEXT 1 の1段落第7，8文に「それらはスマトラに生息している」とある。スマトラは地図中の①の部分を指す。

問3　71,000,000 は 71（seventy-one）と 1,000,000（million）で表す。熟語の場合を除き，million のような数の単位は複数であっても s はつけない。

問4　選択肢の単語から，〈be 動詞＋動詞の過去分詞＋ by ～〉で受動態の文ができる。主語を sea otters にするか sea urchins にするかは文脈から判断しなければならない。直後の文に「sea urchins がどんどん増えた」とあることから，「sea urchins は sea otters によって食べられなかった」という文にする。

問5　TEXT 2 の1段落第3～6文に「その大型の海洋動物（sea otters）が1990年代にカリフォルニアで絶滅したとき，何が起きたか？　… sea urchins がどんどん増えた。それらはたくさんの kelp forests を食べ尽くした」とある。〈Before〉と〈After〉の絵から，ラッコはいなくなり，海藻が減り，ウニが増えていることがわかるので，sea otters はラッコ，sea urchins はウニのことだと判断する。

問6　下線部④の3文あとに，「どんどん増えた鹿が近くにあるあらゆる種類の野菜や果物を食べるようになった」とある。

問7　下線部⑤の直後の1文の内容から，鹿は増えていったことが分かるので，殺されたのはオオカミである。

問8　complex は「複雑な」という意味。下線部⑥の直後の文に，「もし1つの種が死に絶えたら，環境に何が起こるのかを理解するのはとても難しい」とあることからも，全ての動物は互いにその存在が絡み合った「複雑な」網の目の中で生きていることが推測できる。

問9　ア 「オランウータンには長い尾がある」（×）　TEXT 1 の第1段落第2文参照。「腕が長くて尾がない」とある。イ 「現在オランウータンは3種類いる」（○）　TEXT 1 の第1段落第6・7文参照。2017年に新種のオラウータンが発見されたことによって，全部で3種類になった。ウ 「パーム油は多くの食品と一緒によく売れる」（×）　本文にこのような記述はない。TEXT 1 の第2段落第4文によく似た表現があるが，〈go well with ～〉は「～と合う」という意味である。エ 「スーパーでは植物油を用いずに作られたマーガリンを見つけるのはやさしい」（×）　TEXT 1 の第2段落第7・8文に，「スーパーで植物油を用いずに作られたマーガリンを探しても，たいていは見つけられない」とある。オ 「パーム油は，我々が日常生活で用いる製品を作るためにだけに用いられているのではない」（○）　TEXT 1 の第2段落第6文参照。他の多くの製品に用いられている。カ 「もし我々が RSPO によって承認された製品を買えば，オランウータンを救うことができるという考えに反対する者もいる」（○）　TEXT 1 の第3段落第4・5文参照。反対する者もいる。キ 「1つの種が失われると何が起きるのかをわかっている人々もいる」（×）　TEXT 2 の第1段落最初の1文に「科学者でさえ…わからない」

とある。　ク　「ラッコとウニだけが海藻の中で生きることができる」（×）　 TEXT 2 の第1段落第6・7文から，ウニが海藻を食べ尽くしたことで，多くの種が住む場所をなくしており，「ラッコとウニだけ」ではないことがわかる。　ケ　「現在ミシガン州に住んでいるオオカミはたくさんいる」（×）　オオカミ wolves に関する記述は TEXT 2 の第2段落第3・4文にあるが，このような記述はない。

問10　アは「ボルネオとジャカルタで見られるオランウータン」とあるが， TEXT 1 にあるように，オランウータンはジャカルタには生息していない。　イは「新種のオオカミを保護するために」とあるが，そのような記述はない。　ウは「RSPO と呼ばれる非営利組織によって認証されたパーム油のみを購入するだけでよい」とあるが， TEXT 2 にあるように，「その製品がパーム油で作られているかがわからない」ことから，それだけでは不十分であると言える。

2 　（会話文読解：書き換え，語句整序，要旨把握）

（全訳）────────────────────────────

ボブ　：両親が新しいコンピュータを買ってくれたんだ。

タクヤ：いいね。新しいコンピュータはどう？

ボブ　：コンピュータについてあまり知らないんだ。最初にコンピュータについてもっと学ぶ必要があるよ。

タクヤ：そうなんだ。僕もコンピュータを持っているから，君のコンピュータを手伝おうか？

ボブ　：本当に？　それはいいね。それでは，今週の土曜日，家に来て，何をすべきか教えてくれる？

タクヤ：いいよ。ところで，コンピュータで何をしたいの？

ボブ　：自分のウェブサイトを作ったり，インターネットショッピングをしたいな。

タクヤ：ごめんね。そういうのはしたことがないんだ。それについては君に教えられないと思うよ。友達のマイクに聞いてみるといいよ。彼は学校のコンピュータ部員だよ。彼のこと知っている？

ボブ　：マイク？　もちろん。同じ小学校でよく遊んだんだ。でも最近はあんまり話していないな。コンピュータ部員だって知らなかったよ。

タクヤ：それじゃあ，彼に君の家に行って僕たちにコンピュータについて教えてくれるように頼んでみようよ。

ボブ　：いいね。ありがとう。

タクヤ：今晩彼にメールを送ってみるよ。

────────────────────────────

問1　shall I ～? は「（私が）～しましょうか？」と申し出る表現。do you want me to ～?「私に～してほしいですか？」で書き換えることができる。

問2　why don't we ask him(to come to your house and show us about those things?) why don't we ～? 「～しませんか？」

問3　①　マイクとボブは同じ小学校に通っていた。　②　文中に than があるので difficult を比較級にする。　③　ボブはインターネットショッピングで買い物をしたいと

思っている。

③ (アクセント)
(1) ba-nán-a 第2音節を強く発音する。
(2) so-cí-e-ty 第2音節を強く発音する。
(3) en-gi-néer 第3音節を強く発音する。
(4) pás-sen-ger 第1音節を強く発音する。
(5) grád-u-ate 第1音節を強く発音する。

④ (語句補充：代名詞，形容詞，現在完了，比較，前置詞)
(1) 〈A is one thing, and B is another〉で「AとBとは別のことだ」という意味。
(2) don't have to ～「～する必要はない」 free「無料の」
(3) 「彼が日本に来てから3年たちました」という意味の文にする。「～以来（してから）」は since で表す。
(4) at least「少なくとも」
(5) on the left「左側に」

⑤ (正誤問題：文型，不定詞，形容詞)
(1) × leave open the door →○ leave the door open 「この地域にはお腹を空かせた熊がいるので，ドアを開けっぱなしにしておくのは安全ではない」〈leave A ＋形容詞〉で，「Aを～の状態のままにしておく」 open は形容詞として，the door のあとに置く。
(2) × come →○ to come 「今週末，私はパーティーを開く予定なので，もしあなたが暇だったら来てほしい」〈want ＋（人）＋ to ～〉「（人）に～してほしい」
(3) × excited →○ exciting 「私が先週見た試合は，とてもわくわくするものだった」「（ものごとが）わくわくさせるものだ」という様子を表すときには exciting を，「（人が）わくわくする」という感情には excited を用いる。
(4) × has →○ have 「そのサッカークラブに加入したい生徒は，3時までに学校のグラウンドに来なければならない」 主語が The students と複数なので，現在形の動詞は原形でよい。

解　答

1　問1　A　オ　　B　エ　　C　イ　　問2　（例）　花束を母親に直接届けること。
　　問3　人生は仕事や締め切りを心配して過ごすには短すぎる。
　　問4　エ　　問5　エ
　　問6　（考え）　（例）　Family is the most important in my life.
　　（理由1）　（例）　They always help me when I'm in trouble.
　　（理由2）　（例）　I can learn a lot of things from them.

2　(1)　ウ　　(2)　エ　　(3)　イ

3　(1)　イ　　(2)　ア　　(3)　エ

4　記号，正しい形の順　(1)　ウ，reached　　(2)　ウ，is　　(3)　ア，went
　　(4)　エ，was　　(5)　エ，is

5　(1)　taught　　(2)　twelfth　　(3)　Dutch　　(4)　different

配点　1～5　各4点×25(1問6は各4点，4は各完答)　　計100点

解　説

1　（長文読解（物語文）：文補充，語句解釈，英文和訳，英問英答，内容一致，条件英作文）
（全訳）

　1人の男性が，母に送る花を注文するために花屋に立ち寄った。母は200マイル離れたところに住んでいた。彼は実際に行って母親に会った方がいいとわかっていたが，A近頃空き時間がなさそうだった。それに，母ならわかってくれる，と彼は確信していた。

　車から降りるとき，彼はバス停の横に座っている少女が泣いているのに気づいた。「ねえ，どうしたんだい？」と彼は尋ねた。「バスに乗り遅れたのかい？」「いえ，違います。バスは関係ありません。歩けますから」と彼女は返事をした。「でも私は母のために赤いバラを1輪買いたかったんです。困ったことに，私は75セントしか持っていなくて，バラは2ドルします」　男性は微笑んで，「一緒においで。B私がバラを買ってあげるよ」と言った。

　彼は少女にバラを買い，自分の母親のための花を注文した。彼らが店を出るとき，彼は少女に車で家まで送ることを申し出た。「それはありがたいです」と彼女は言った。「もし構わなければ，私を母親のところまで連れて行ってください」「問題ないよ。どっちへ行けばいいか，教えてくれよ」と彼は答えた。

　運転して数分後，少女は男性に止まるよう頼み，彼は車を止めて彼女を降ろした。C少女は男性に感謝してさようならと言った。彼女は急ぎ足で門をくぐって行った。そのとき彼は彼女が墓地に入っていくのに気づいた。男性は車で立ち去らずに，少女が腰を曲げて墓にバラを置くのを

見つめた。

男性は涙を拭きながら，(ア)自分が何をすべきかすぐに悟った。(イ)仕事や締め切り，余暇を食いつぶしてしまうような雑務を心配して過ごすには，人生は短すぎる。私たちは本当に大切なことに時間を割くべきだ。彼は花屋へすぐに戻り，注文をキャンセルして大きな花束を買った。そして彼は 200 マイル運転して母親の家に行った。

問1　全訳下線部参照。

問2　母親に直接会うべきだと悟った。

問3　too ～ to … 「…するには～すぎる」　spend ～ ing「～して過ごす」　worry about ～「～について心配する」

問4　「男性はなぜ泣いたのか」　第 4 段落参照。エ「少女の母親がもう亡くなっていることを知ったから」

問5　ア　「男性は妻に花を買うために，花屋で止まる必要があった」（×）妻についての記述はない。　イ　「人生は短すぎるので，彼はますます一生懸命に働くべきだと思った」（×）第 5 段落第 2・3 文参照。　ウ　「少女は家に帰る途中で道に迷ったので泣いた」（×）第 2 段落第 5・6 文参照。　エ　「男性は，本当に大切なことのために時間を費やすべきだと気づいた」（○）第 5 段落第 3 文参照。

問6　（解答例の訳）「私の人生において家族が最も大切だ。彼らは私が困っているときいつも助けてくれる。私は彼らからたくさんのことを学べる」

2　（資料読解：内容吟味，内容一致）

（全訳）

英語を楽しみましょう！

授業番号	時　　間		講　師	場　所
1	月曜日	16：00	レベッカ	第 1 教室
2	火曜日	15：30	エマ	第 1 教室
3	水曜日	16：30	バーバラ	共同ホール
4	金曜日	15：00	バーバラ	第 2 会議室
5	土曜日	13：30	エマ	第 1 教室
6	土曜日	16：30	ステファニー	第 3 会議室

※　レベッカはアメリカ合衆国出身，エマはオーストラリア出身です。そのほかの講師はイギリス出身です。

●授業料　　：40 ドル（1 つの授業）

●注意事項　：1 回目の授業の前に，50 ドルで 3 枚の CD つきの教材を購入する必要があります。2018 年 4 月末まで，教材を半額で購入することができます。

●予約　　　：035-112-556 にお電話いただくか，私たちの事務所にお越しください。

---

(1) 「もし4月20日の前に合計で20の授業を受けたら，いくらかかるか」授業料は1つの授業で40ドルなので，20の授業で800ドルかかる。さらに，50ドルの教材を，半額の25ドルで買えるので，合計で825ドルかかることになる。

(2) 「授業を予約するには，何をする必要があるか」ここでのbookは動詞なので「予約する」という意味。最後のreservation「予約」に注目する。 ア 「教材を買う」これは最初の授業までにすることである。 イ 「テストに合格する」 ウ 「インターネットを使う」

(3) 「この広告について正しいものはどれか」 ア 「あなたは金曜日の授業を選んだら，第3会議室に行く必要があります」（×）金曜日の授業は第2会議室で行われる。 イ 「エマとバーバラは2人とも，1週間に2つの授業がある」（○）エマは火曜日と土曜日，バーバラは水曜日と金曜日にある。 ウ 「レベッカは生徒の間でとても人気があるので，エマの授業数の2倍の授業がある」（×）twice as ～ as …「…の2倍の～」人気についての記述はない。また，レベッカの授業は1つで，エマの授業数（2つ）の2倍ではない。エ 「仕事が6時に終わるなら，あなたは月曜日の授業を受けることができる」（×）月曜日の授業は16時から始まるので，午後6時（18時）では間に合わない。

3 （英問英答）

(1) 「愛知の中学生は，東京や大阪のような別の都道府県を訪れる。彼らは日本の文化を学ぶために，一緒にある場所を訪れることもあるし，小グループになって違う場所を訪れることもある。生徒には，3年間で1度だけこのような行事がある。この行事は何と呼ばれますか」 中学生が他の都道府県に行って日本の文化を学ぶ行事は，イ「修学旅行」。ア「生徒会」 ウ「夏休み」 エ「避難訓練」

(2) 「あなたは町を歩いている。あなたは通りに座っている男性を見かけ，彼はとても具合が悪そうだ。そこには他にだれもいない。このような非常時にあなたは何をしますか」具合の悪そうな人を見かけたときの対応なので，最も適当なのは，ア「私は救急車を呼ぶでしょう」。 イ「私は彼の演技に感動するでしょう」 ウ「私はすぐに良くなるでしょう」エ「私は彼に腹を立てるでしょう」

(3) 「次の表を見てください。この表から何がわかりますか」 表の左は国名，その右が面積（Area），いちばん右が人口（Population）を表している。国名は上から順に，日本，イタリア，カナダ，ブラジル，オーストラリア。表の数値に合う記述はエ「オーストラリアは5つの国の中で3番目に広い面積だ」。〈the ＋序数＋最上級〉で「～番目に…な」という意味を表す。 ア「日本は面積が最もせまいが，その人口は最も多い」 イ「面積が最も広い国はカナダだが，その人口は最も少ない」 ウ「ブラジルには最も多くの人が住んでいて，その面積はカナダの面積よりも広い」

4 （正誤問題：間接疑問，現在完了，接続詞）

(1) 〈reach ＋場所〉で「～に着く」の意味。前置詞 to が不要。

(2) Do you think? と Which of these books is difficult for me? を1つにした間接疑問文。後者の文は「どれが～ですか」のように疑問詞が主語になった疑問文なので，平叙文と同じ〈主格の疑問詞＋動詞〉という語順になる。「はい」「いいえ」ではなく，具体的な返事

を求めている疑問文なので疑問詞（＋名詞）が文頭に出た形となっている。it が不要。

(3) 〈have[has]＋過去分詞〉の形をとる現在完了は，明らかに過去の一時点を示す語句 when「〜するとき」とは一緒に使えない。ここでは過去形 went とするのが適切。

(4) that 以下の文の主語は one of the buildings「これらのビルの1つ」で単数なので，過去の be 動詞 was を用いるのが適切。

(5) if 以下は条件を表す副詞節なので，未来の内容でも中の動詞は現在形になる。ここでは will be ではなく is を用いるのが適切。

⑤ **(語彙：時制，序数，形容詞，反意語)**

(1) 「動詞の原形－過去形」の関係。teach の過去形は taught。

(2) 「基数詞－序数詞」の関係。twelve「12」を「12番目の」という意味の序数に twelfth する。

(3) 「国名－その形容詞形」の関係。Holland「オランダ」を「オランダの」Dutch という形容詞にする。

(4) strong「強い」－ weak「弱い」は反意語の関係。same「同じ」の反意語は different「異なった」

時や条件を表す副詞節中の時制

when, until[till], before, after, as soon as などの接続詞を用いた，**時**を表す**副詞節**の中では，未来のことを表す場合に動詞は**現在形**を用いる。

また，接続詞 if「もし〜ならば」などを用いた，**条件**を表す**副詞節**の中でも，未来のことを表すのに**現在形**を用いる。

Let's begin the game **when** he *comes*.
「彼が来たら，試合を始めよう」
I have to wait here **until**[**till**] the bell *rings*.
「ベルが鳴るまで，私はここで待たなければならない」
I'll call you **as soon as** the game *is* over.
「試合が終わったらすぐに，あなたに電話します」
We'll go on a hike **if** it *is* fine tomorrow.
「明日晴れれば，私たちはハイキングに行くつもりだ」

なお，when, if を用いた節が**名詞節**の場合，未来のことは **will** を使って表す。

I don't know **when** he *will come*.
「私は彼が**いつ**来る**か**知らない」
Do you know **if** Mary *will come* to the party?
「あなたはメアリーがパーティーに来る**かどうか**知っていますか」

60 第6回 解答・解説

解 答

1 (1) ② (2) ②
2 問1 ② 問2 ① 問3 ②
　問4 （最初） friends （最後） friendship
　問5 to spot the difference 問6 (1) ① (2) ② (3) ① (4) ①
3 問1 ア 問2 ウ 問3 ウ 問4 ア 問5 エ
4 (1) ③ (2) ① (3) ⑥ (4) ② (5) ④
5 (1) ② (2) ① (3) ① (4) ④ (5) ④

配点 1 各5点×2
　　 2 問2・問3・問6 各3点×6 他 各4点×3(問4は完答)
　　 3 各4点×5 4 各4点×5
　　 5 各4点×5 計100点

解 説

1 （文整序）
(1) ③「世界中にはたくさんのファストフードレストランがある」→ ①「ファストフードはなぜこれほど人気があるのだろうか？」→ ②「1つの理由は，その食べ物がどのようなものかわかることで安心できるからだ」→ ④「もう1つの理由は，人々が長い時間待つ必要がなく，食事を早く得られるからだ」

(2) シンディは新しい生徒で，今日私たちのクラスに来た。午前中，彼女はオーストラリアの彼女の学校について面白いことを話してくれた。私たちはその話を楽しんだ。→ ウ「そして昼食の時間が始まった」→ エ「シンディは『まあ，あなたたちは教室の机で食事をしているのですね！』」→ イ「『なぜ机で昼食を食べるのですか？ 机は勉強用ではないのですか？』と彼女は尋ねた」→ ア「『もちろんそうですが，昼食を食べるときにも使うのですよ。』と私は言った」

2 （長文読解（エッセイ）：語句補充，指示語，内容一致）
（全訳）─────────────────────────────

　何年も前，私は祖母に女性誌に載っている「間違い探し」[A]の遊び方を教えようとした。私はそのルールを簡単で明白だと思ったが，彼女は2つの絵の同じものを指摘し続けた。彼女はそのほうが楽しいのだと認めた。そのことは私の祖母について大いに語っている。彼女は共通点を探すことを好むのだ。

人と人との違いに注目して多大な時間を過ごす人が世界中にたくさんいる。彼らは，このような違いは悪いことだと言いたがる。彼らは人々の偏見につけ込み，インターネットの世界では聴衆を簡単に見つけることができる。このような人々は，出自がある特定の文化やジェンダーや人種であることが他者を不当に扱う許可を与える，と言う。

私には彼らに見てほしい動画がある。その題名は『愛にラベルはない』だ。それはアメリカの非営利団体である広告協議会によって作成された公共広告で，多くの賞を獲得した。それは前向きなメッセージを持っているので，私はそれを見ることを心から勧める。

それには，X線スクリーンの後ろで一緒に踊り，抱き合うことによって，愛と友情を祝福している友達同士，カップル，家族が映っている。彼らの顔や体を映す代わりに，画面には①彼らの骨格が映っている。彼らがスクリーンの裏から出てくると，聴衆は，愛と友情が異なる年齢，能力，宗教，人種，ジェンダーの間のものだとわかる。その動画は，私たちは皆人間で，違いはないのだと示していた。

そして，それは祖母が私に教えてくれていたことなのかもしれない。違いに気づくことは簡単だが，やりがいや喜びは共通点を見ることによって生まれるのだ。

問1　全訳下線部参照。〈how to ＋動詞の原形〉「～する方法」　なお，the way of ～ ing も「～する方法」を表すので，①は to を of にすれば正しい。

問2　先行詞は people で，空所のあとに動詞が続いているので，主格の関係代名詞 who が適切。このように先行詞と関係代名詞の間が離れている場合もある。

問3　which は目的格の関係代名詞で先行詞 video を後ろから修飾する。

問4　直前の文の friends, couples and families celebrating love and friendship「愛と友情を祝福している友達同士，カップル，家族」を指す。celebrating love and friendship は形容詞的用法の現在分詞句で，friends, couples and families を後ろから修飾している。

問5　この it は形式主語で，真主語はそのあとの to spot the difference である。

問6　(1)「筆者の祖母は『間違い探し』をしているとき，2つの絵の共通点を見つけることが好きだった」（○）第1段落最終文参照。　(2)「他人があなたと同じ文化，ジェンダー，人種の場合，あなたはその他人を不当に扱う許可を得ることができる，と言う人がいる」（×）　(3)「『愛にラベルはない』という動画では，世界中の人々に違いはないということが示されている」（○）第4段落最終文参照。　(4)「筆者は，祖母が教えてくれたことは同じであることに着目することの大切さだ，と思っている」（○）最終段落参照。

3　(長文・資料読解（日記）：英問英答)
(全訳)

ケンジはジョンと名古屋に出かけたことについて書いている。ジョンはアメリカ人の交換留学生で，彼は3週間ケンジの家に泊まっている。

7月29日　土曜日

とても暑い日だった。今日，僕はジョンと何カ所か観光地に行った。ジョンがもう2週間ここにいるなんて信じられない！　今度の日曜日に彼が合衆国に戻ったら寂しいだろう。

まず，僕たちは名古屋駅でバスの1日券を買い，それから観光バスに乗った。そのデザインは

特別なものだった。バスの上にしっぽがあるのだ。それはしゃちほこ(名古屋で有名な魚のような海の動物)のようだ。バスを横から見ると，その大きな絵も見える。大きな目が1つと大きな歯がある。

　ジョンは歴史が好きなので，僕たちは最初に名古屋城に行った。ジョンは次に徳川園を見たがったが，城を訪れたあとで名古屋テレビ塔までバス停を3つ行かなくてはならなかったので，時間がなかった。僕たちは，塔の近くのレストランでおいしい昼食を食べた。

　※表は左から順に，バス停の番号，バス停名，時刻表。バス停は上から順に，名古屋駅，トヨタ博物館，ノリタケの森，名古屋城，徳川園，名古屋テレビ塔。

問1　質問は，「ケンジとジョンはどのバスに乗りましたか」という意味。日記の第2段落最後の4文から，「バスの上にしっぽがある，横から見るとしゃちほこのような動物の絵がある，その動物は大きな目と歯がある」という特徴を読み取る。

問2　質問は，「名古屋駅から名古屋城に着くまでバスでどれくらい時間がかかりますか」という意味。日記あとの表から名古屋駅(Nagoya Station)から名古屋城(Nagoya Castle)までの所要時間を読み取る。

問3　質問は，「(A)は何番ですか」という意味。日記の第3段落最後から2文目の後半から，名古屋城から名古屋テレビ塔までバス停3つ分であることがわかる。

問4　質問は，「11時前に何台のバスが名古屋駅を出発しますか」という意味。表のTime tableの1段目から，11時より前に名古屋駅を出発するバスは5台であることがわかる。1台目は9時30分発，5台目は10時50分発である。

問5　質問は，「正しい文はどれですか」という意味。　ア　「トヨタ博物館から名古屋城まで10分かかる」(×)　表から，2番のトヨタ博物館から4番の名古屋城までの所要時間は14分とわかる。　イ　「ジョンはバスに乗るのにバスのチケットを2枚買わなくてはならなかった」(×)　日記の第2段落第1文に「名古屋駅でバスの1日券を買った」とあるが，ジョンが2人分の券を買ったという記述はない。　ウ　「名古屋駅から名古屋城に行く方が，名古屋城から名古屋テレビ塔まで行くよりも時間がかかる」(×)　表から，1番の名古屋駅から4番の名古屋城までは22分，名古屋城から名古屋テレビ塔までは30分かかることがわかる。　エ　「ケンジとジョンは名古屋駅から名古屋テレビ塔に行くのに2台のバスに乗った」(○)　2人は名古屋駅を出たあと，まず名古屋城に行き，時間がないため徳川園には寄らずに名古屋テレビ塔に行ったので，乗ったバスは2台。

4　(語句整序：不定詞，関係代名詞，間接疑問，文型)

(1)　I learned <u>how</u> to <u>play</u> the guitar. 「私はギターの弾き方を学んだ」　〈how to ＋動詞の原形〉「～する方法，～の仕方」

(2)　(Jack) is the boy <u>Ms. Tanaka</u> talked <u>about</u> (in class.) 「ジャックはタナカ先生が授業で話題にした少年だ」　Ms. Tanaka の前に目的格の関係代名詞が省略されている。

(3)　("Do you) want him <u>to</u> call <u>you</u> when he comes (home?") 「あなたは彼が帰宅したら，彼に電話をしてもらいたいですか？」　〈want ＋人＋ to ＋動詞の原形〉「(人)に～し

てほしい」 接続詞 when「～したら，～するとき」

(4) Do you <u>know</u> where <u>the treasure</u> was found(?)「 あなたはその宝物がどこで発見されたか知っていますか？」 where 以下は間接疑問〈疑問詞＋主語＋動詞〉。was found は受動態「～された」

(5) What do <u>you</u> call <u>this flower</u> in English(?)「 英語でこの花を何と呼びますか？」〈call A B〉「A を B と呼ぶ」この文では，B が疑問詞 what なので文頭にきている。

5 （発音）

(1) 見出し語と②は [au]，①・⑤は [ʌ]，③は [u]，④は [ɔː]。

(2) 見出し語と①は [z]，他は [s]。

(3) 見出し語と①は [dʒ]，他は [g]。

(4) 見出し語と④は [ei]，①は [ɔː]，②は [ɑ]，③は [i]，⑤は [eə]。

(5) 見出し語と④は [eər]，①・⑤は [iər]，②は [əːr]，③は [ɑːr]。

間接疑問

疑問詞で始まる疑問文が動詞の目的語になる文。〈疑問詞＋主語＋動詞～〉の語順になる。
I know ＋ Where did he go?　→　I know **where he went**.
　　　　　　　　　　　　　　　　「私は彼がどこへ行ったか知っている」
I know **who that boy is**.
「私はあの少年がだれか知っている」

▶間接疑問は名詞節になるので，時制の一致を受ける。
I *know* **what you *have* in your hand**.
「私はあなたが手に何を持っているか知っている」
I *knew* **what you *had* in your hand**.
「私はあなたが手に何を持っているか知っていた」
I *told* him **where she *was* at that time**.
「私は彼にその時彼女がどこにいたか伝えた」

▶間接疑問は第4文型でも用いられる。
I asked *her* **what subject she liked**.　「私は彼女に何の科目が好きか尋ねた」

解　答

1　問1　(1)　③　　(2)　④　　問2　(1)　①　　(2)　③
2　(1)　③　　(2)　④　　(3)　②
3　問1　エ　　問2　ウ　　問3　ア　　問4　エ　　問5　ア　　問6　イ
　　問7　イ　　問8　イ
4　問1　1　②　　2　④　　3　①　　問2　ア　②　　イ　③
　　問3　(1)　②　　(2)　④　　(3)　②　　(4)　③
5　(1)　(a)　カ　　(b)　イ　　(2)　(a)　オ　　(b)　カ　　(3)　(a)　ア　　(b)　ウ
　　(4)　(a)　キ　　(b)　カ　　(5)　(a)　カ　　(b)　ウ　　(6)　(a)　イ　　(b)　ア

配点　1　各4点×4　　2　各2点×3　　3　各4点×8
　　　4　問1　各2点×3　　問2　各3点×2　　問3　各4点×4
　　　5　各3点×6(各完答)　　　計100点

解　説

1 （文整序）

問1　(1)　まず最初の文で友達のスーザンについて話すと述べている。そしてDの文で「彼女は今アメリカ合衆国に住んでいて，私たちは親友だ」とスーザンを紹介している。次に，BとCにshoppingが含まれているが，B「彼女が日本に訪ねて来ると，私たちはよくデパートに買い物に行く」→C「実際，先週渋谷で彼女と買い物をした」とつながると推測できる。そして，最後にA「私たちはいつまでもよい友達でいたいと私は願っている！」につなげる。

(2)　まず最初の文でリチャード先生が社会科の教師であることが述べられている。そしてBにはWorld History「世界史」，Cにはchanges in the world「世界の変化」と社会科に関連する語句が含まれていることから，B「少年の頃から，彼は世界史に興味がある」→C「本を通して，彼は世界の変化について多くを学んだ」とすると話がつながる。またCで本の話題が出たため，D「彼は読書について私たちに話した」を続け，最後にA「彼は『読書は何かをする鍵だ。読書を楽しみ続けよう』と言った」につなげる。

問2　(1)　アキラの母：_A<u>アキラ，手伝ってくれる？</u>
　　　　アキラ　　　：いいよ！　_C<u>最初に何をしたらいい？</u>
　　　　アキラの母：_D<u>食卓をふいてちょうだい。</u>
　　　　アキラ　　　：わかった。いいよ。
　　　　アキラの母：_B<u>それからそのあとで，お皿を洗ってくれる？</u>

　　　　アキラ　　：わかった。

(2)　ジョン　　：見て，エミリー，劇場で新しい映画を上映しているよ。

　　　エミリー：ええ。それはとてもわくわくするらしいわよ。_C日曜日にそれを見に行くのはどう？

　　　ジョン　　：わかった。_Aいつ会おうか？

　　　エミリー：_D映画館の外で午後 3 時はどう？

　　　ジョン　　：わかったよ。_Bいいね！

2 （文中アクセント）

(1)　「あなたは毎朝何時に目が覚めますか？」「私は毎朝 6 時に目が覚めます」　What time ～？「何時に～？」と時間を聞かれているので，③ 6 o'clock「6 時」を最も強く発音する。

(2)　「あなたはなぜ朝食をそんなにたくさん食べたのですか？」「今朝とてもお腹がすいていたからです」　朝食をたくさん食べた理由を聞かれているので，④ so hungry「とてもお腹がすいていた」を最も強く発音する。

(3)　「あなたはいつあなたの大好きなサッカーチームがトーナメントで優勝したと知ったのですか？」「今朝テレビでニュースを見て，優勝チームを映していました」　When ～？「いつ～？」と時を聞かれているので，② this morning「今朝」を最も強く発音する。

3 （長文読解（説明文）：内容吟味）

(全訳)

　「次の日はまた日曜日だった。彼は 1 枚の素敵な青葉をすっかり食べてしまった。そのあと，すっかり気分が良くなった」　これはエリック・カールの『はらぺこあおむし』からの引用である。今日，多くの親たちはこの物語を子供たちへ読み聞かせている。『はらぺこあおむし』が出版されて以来，彼は 70 冊以上の本を書き，1 億 3,200 万冊が世界中で販売されている。

　エリック・カールは 1929 年，ニューヨーク州シラキュースに生まれた。6 歳のとき，両親とドイツへ引っ越した。彼はそこで美術学校を卒業した。しかし，彼の夢はアメリカへ帰ることだった，なぜならそこには最も幸せな子供時代の思い出があったからだ。1952 年，彼はポケットに 40 ドルを詰め込んで，ニューヨークの地を踏んだ。

　ある日，高名な作家のビル・マーティン・ジュニアがカールに電話をかけ，自分の作品のために絵を描いてくれるよう依頼した。その結果『くまさん　くまさん　なにみてるの？』が出版された。それは今でも世界中で愛されている児童書だ。これがエリック・カールのキャリアの出発点だった。まもなくカールは自作の物語も書き始めた。彼自身の最初の本は『1，2，3　どうぶつえんへ』だった。そのあと，彼は『はらぺこあおむし』を書いた。

　エリック・カールは自分の本を明るく色鮮やかにするために，独自の色鮮やかな絵を用いる。また，彼の本は読むためだけのものではなく，遊ぶためのものでもある。『さびしがりやのほたる』では，いくつかページで光が見える。『だんまりこおろぎ』ではこおろぎの鳴き声が聞こえる。彼の本は「読めるおもちゃ」や「触れる本」と呼ばれることがある。子供たちはまた，絵を描くことを楽しみ，彼に自分たちの絵を送る。彼は幼い読者たちから毎週数百通もの手紙を受け取る。

　カールは言う。「私は自分の本を使って，家庭と学校の間の溝に橋渡しをしようと思っていま

第1回　第2回　第3回　第4回　第5回　第6回　第7回　第8回　第9回　第10回　解答用紙

す。私にとって家庭は温かく，安全で，おもちゃがいっぱいあり，幸せな場所です。学校は子供にとって見知らぬ新しい場所です。初めて会う人，先生，クラスメートがいます。家庭から学校へはばたくことは，子供時代における2番目に大きな困難であると私は信じています。最大のものは，もちろん，生まれることです。どちらの場合でも，私たちは温かくて安全な場所から離れます。私たちは何かについて知らないと，怖く感じます。私は自分の本の中で，この恐怖を前向きな感情に変えようとしています。私は彼らに，学ぶことは本当に楽しくておもしろいのだと示したいのです」

問1　「エリック・カールは＿＿＿＿」　ア　「ドイツのシラキュースで生まれた」（×）シラキュースはアメリカ・ニューヨーク州の都市である。　イ　「132冊の絵本を売った」（×）第1段落に「1億3,200万冊」とある。　ウ　「世界中の子供たちに本を読み聞かせた」（×）そのような記述はない。　エ　「ドイツの美術学校を卒業した。」（○）第2段落第2・3文参照。

問2　「カールがニューヨークへ行ったのは＿＿＿＿からだ」　ア　「彼は旅行を楽しむための大金を持っていた」（×）第2段落最終文参照。　イ　「彼はドイツで生活するための十分なお金を持っていなかった」（×）そのような記述はない。　ウ　「彼はそこでの少年時代によい思い出を持っていた」（○）第2段落第4文。エ　「彼はニューヨークの美術学校で学びたかった」（×）そのような記述はない。

問3　「『くまさん　くまさん　なにみてるの？』は＿＿＿＿」　ア　「ビル・マーティンJr.によって書かれ，エリック・カールによって絵が描かれた。」（○）第3段落第1・2文参照。　イ　「ビル・マーティンJr.によって書かれ，エリック・カールによって出版された」　ウ　「エリック・カールによって書かれ，ビル・マーティンJr.によって売られた」　エ　「ビル・マーティンJr.によって書かれ，エリック・カールの尊敬を受けた」は全て（×）。

問4　「カールの本は＿＿＿＿」　アやウのように本の中の言葉の多さについては本文中で触れられていない。　ア　「他の子供向けの本よりも言葉が多い」（×）　イ　「色とりどりの光で輝いている」（×）　ウ　「他の子供向けの本よりも言葉が少ない」（×）　エ　「『読むことができるおもちゃ』と称される」（○）第4段落第5文参照。

問5　「カールの本の読者たちは＿＿＿＿」　第4段落の終わりから2文目から，アが正しく，イは誤り。　ア　「自分で絵を描くことを楽しむ」（○）第4段落終わりから2文目にある。イ　「本に絵を描くことを楽しむ」（×）　ウ　「子供ではないが若い」（×）イ，ウともに，そのような記述はない。　エ　「カールから何百通もの手紙を受け取る」（×）第4段落最終文から「受け取る」のはカールなので誤り。

問6　「カールによると，学校は＿＿＿＿」　第5段落（最終段落）3文目から，イが正しい。ア　「子供たちのための絵を描く場所がある」（×）　イ　「新しい人のいる見知らぬ場所である」（○）第5段落第3文参照。　ウ　「自宅と外の世界の架け橋である」（×）カールが自分の本の中で目指していることである。エ　「温かな教師と友人がたくさんいる場所である」（×）ア，エについては書かれていない。

問7　「カールによれば，"生まれること"と"家庭の中から学校への旅"とは2つの大きな問題である，なぜならば＿＿＿＿からだ」　ア　「それらはとても楽しいことなのに人々が

そのことを知らない」（×）　イ　「どちらの場合においても人々は快適な場所を去り，新しい場所へと旅立たねばならない」（○）第5段落第5・6文参照。　ウ　「それらはどちらも幸せな出来事なのに人々はそのことを知らない」（×）　エ　「どちらの場合においても人々は恐怖を前向きな感情に変えねばならない」（×）カールが自分の本の中で目指していることである。　第5段落の内容からア，ウは合わない。

問8　「自身の本を通じて，カールは＿＿＿＿ほしいと思っている」　ア　「子供たちに自宅は安全であることを伝え，学校のことを恐れて」（×）　イ　「子供たちに学ぶことは楽しいことだと伝え，学校に行くことを幸せなことだと感じて」（○）第5段落最終文参照。　ウ　「子供たちに夢を持つことは素晴らしいことだと伝え，学校に行くことは簡単だと感じて」（×）　エ　「子供たちに学ぶことは楽しいことだと伝え，彼らに悲しんで」（×）

4　（長文読解（説明文）：語句補充，要旨把握）

（全訳）

　バッキンガム宮殿はイングランドのロンドンにある。バッキンガム宮殿は1705年頃に建てられた。イングランドのエリザベス女王が住んでいるので有名である。彼女は1952年に女王に_アなった。

　バッキンガム宮殿は大きくて美しい建物だ。宮殿の上には旗が1つ掲げられている。女王がいるときには宮殿の上に旗が上がる。エリザベス女王と家族は宮殿の2階に住んでいる。女王は宮殿内に執務室も持っている。大統領，王族，政治家が彼女と会う。エリザベス女王はよく要人を招き，宮殿で夕食を食べる。彼女はまた，夏にガーデン・パーティを3回開く。彼女はパーティーに毎回9,000人も招く！　大勢の人々が女王に会う。

　バッキンガム宮殿は小さな_イ町のようだ。警察署，病院，郵便局が2か所，映画館，プール，スポーツクラブが2か所，庭，湖がある。宮殿には約600の部屋がある。約400人がそこで働いている。そのうちの2人は，とても珍しい仕事をする。彼らは時計の管理をするのだ。バッキンガム宮殿には時計が300もある！

　エリザベス女王の1日は午前7時に始まる。7人が彼女の世話をする。1人がお風呂の準備をし，もう1人が洋服の準備をする。別の1人は彼女の犬の世話をする。女王は犬が大好きだ。現在，8匹の犬が飼われている。毎朝，1人の男性がエリザベス女王の部屋に犬のエサを持ってくる。女王は銀のスプーンで器にエサを入れる。

　毎朝8時30分に，女王は夫のフィリップ殿下と朝食を食べる。彼らは温かい牛乳を入れた特別なコーヒーを飲む。朝食の間，1人の音楽家が外でスコットランドの音楽を演奏する。それからエリザベス女王は，午前中，執務室で仕事をする。昼食後，彼女は病院，学校，新しい建物などを視察する。

　8月と9月にはバッキンガム宮殿の一部が観光客に開放される。観光客は「国賓室」を見ることができる。これらの部屋で，女王はふつう大統領や王たちをもてなす。しかし，観光客は女王に会えると思ってはいけない。8月と9月には英国女王陛下は休暇中なのだ。

問1　　1　　第2段落最後から3文目参照。夏にガーデン・パーティーが「3」回開かれる。　　2　　第3段落第3文参照。宮殿には約「600」の部屋がある。　　3　　第4段落最後から3文目参照。現在女王は犬を「8」匹飼っている。

問2　ア　空所を含む文は「彼女は1952年に女王（　　）」という意味。文脈から，②のbecame「～になった」が適切。　　イ　空所を含む文は「バッキンガム宮殿は小さな（　　）のようだ」という意味。直後に，宮殿には警察署，病院，郵便局，映画館，プール，スポーツクラブ，庭，湖があると書かれているので，③のtown「町」が適する。

問3　（1）「なぜバッキンガム宮殿は有名なのか」　②「イングランドのエリザベス女王がそこに住んでいるから」　第1段落第3文参照。　（2）「昼食後，女王は何をするか」　④「彼女は病院，学校，新しい建物を視察する」　第5段落最終文参照。　（3）「いつあなたはバッキンガム宮殿の部屋をいくつか訪れることができるか」　②「8月と9月に」　最終段落第1文参照。　（4）「本文について正しいものはどれか」　③「女王は午前8時30分に朝食を食べる」　第5段落第1文参照。

5　（語句整序：間接疑問，関係代名詞，不定詞，接続詞）

(1)　(Olivia) wondered what (a)it was going (b)to feel (like to be continuously hungry.)　what以降は間接疑問文なので，疑問文の語順ではなく，〈疑問詞＋主語＋動詞〉の語順。

(2)　(When I arrived at the river, there) were (a)young people who were (b)enjoying swimming(.)　who以降はyoung peopleを修飾する関係代名詞。

(3)　(Sandy) asked Tom to (a)clear up the (b)broken vase(.)　〈ask＋人＋to＋動詞の原形〉で「(人)に～するように頼む」

(4)　I (a)don't play tennis as (b)often as you(.)　〈not ～ as＋形容詞[副詞]＋as …〉で「…ほど～ではない」

(5)　(I) don't (a)think that we should (b)go out (yet.)　〈主語＋don't think that ～〉で「～ではないと思う」

(6)　I'll buy that jacket (a)if it isn't (b)too expensive(.)　語群にコンマがないのでif以降を文の後半に置く。

解 答

1 問1 エ　　問2 ア　　問3 ウ　　問4 イ

2 (1) エ　　(2) イ　　(3) ウ　　(4) エ　　(5) エ

3 問1 ア　　問2 イ　　問3 ウ　　問4 ウ　　問5 ア　　問6 イ
　 問7 エ　　問8 イ　　問9 エ　　問10 イ　　問11 イ　　問12 ア, エ

4 (1) (例)　It may be rainy in the afternoon.
　 (2) (例)　Ken had to study hard to be a doctor.
　 (3) (例)　The man (whom) you met at the party yesterday is my uncle.
　 (4) (例)　Come home before it gets dark.
　 (5) (例)　Do you know where Jim lives?

5 (1) ① ウ　　② エ　　③ ア　　④ イ　　⑤ ウ
　 (2) (例)　we have to wait (for) fifty minutes

配点　1 各3点×4　　2 各2点×5
　　　3 各3点×13 (問12は各3点)　　4 各4点×5
　　　5 (1) 各3点×5　(2) 4点　　計100点

解 説

1 (長文読解 (日記)：段落整序, 語句補充, 英問英答, 内容吟味)

(全訳)

　先週末, 2日間の学園祭があった。土曜日, 学園祭の初日は運動競技会だった。生徒たちは全員, 赤組と白組の2つのチームに分けられた。両チームは様々な競技で競い合った。私は赤組の一員だった。

　D　私のいちばん好きな競技はリレーだった。私は最も速い走者の1人で, 私たちのチームがレースに勝った。しかしあいにく, 私たちは運動競技会に勝つことはできなかった。390点対345点で, 白組が勝ったのだ。私は勝てなくてうれしくなかったが, とても楽しい一日だった。私たちは運もよかった, なぜなら天気が完璧で, 晴れていたが暑すぎなかったからだ。初日の運動競技会のあと, 私は家族と一緒に夕食に出かけた。両親が姉[妹]と私を, 私のお気に入りの寿司屋に連れて行ってくれて, 私はたくさん食べた！

　A　学園祭の2日目は, 文化的な行事や生徒たちの発表があった。生徒たちの手工芸品や理科の研究について説明するポスターがたくさん展示された。私の紙飛行機に関する理科の研究は, クラスで1等賞をとった。また, 私たちのクラスは学園祭の間, 喜劇を上演した。クラスメート全員と私は劇に参加した。それは大成功で, 観客たちは笑った。劇が始まる前, 私は出演者の1

人であることにとても緊張したが，劇の最中はリラックスして楽しめた。だから私にとって，舞台の上に立つ不安を克服したのは良い経験だった。

　C　学園祭の最後の行事は生徒たちのコーラスの上演だった。クラスごとに違う歌を歌った。私たちはこの行事に備えるため，数か月間，毎日練習した。私はあまり歌がうまくないが，練習のおかげで歌がとても上達した。そして私たちのクラスは学園祭の日，とても上手に歌った。

　B　学園祭が終わって私はとても疲れた。しかし翌日は学校が休みだったので，終日家でくつろいだ。火曜日に学校に戻ると，友人たちと私は学園祭の楽しい経験についてたくさん話をした。

問1　第1段落の最後の部分で，学園祭初日の運動競技会について書かれているので，運動競技会について詳しく書いているDの段落が続く。Dの段落の最終文ではその日の夜のことが書かれているので，翌日の活動について書かれている段落が続くが，Cは学園祭最後の行事であるコーラスが話題になっているので，Dの次にAを続ける。Bは学園祭が終わって，1日休みをはさんで登校したときのことが書かれているので，最後に置く。

問2　空所の直後で「両親が姉［妹］と私を，私のお気に入りの寿司屋に連れていってくれて，私はたくさん食べた」と述べているので，夜は家族と一緒に外食したことがわかる。このことを簡潔にまとめている。ア「私は家族と一緒に夕食に出かけた」が適切。イは「私は家で夕食を楽しんだ」，ウは「私の友人たちと私は夕食に出かけた」，エは「私は友人たちと家で夕食を食べた」という意味。

問3　質問は「エミの日記の主な話題は何ですか」という意味。最初の段落第1文で，先週末に2日間にわたって学園祭が行われたことが書かれている。あとに続くそれぞれの段落で，初日の運動競技会，2日目の文化的な行事，最後の行事（コーラス），学園祭が終わってからのこと，と学園祭全体について書かれているので，個々の行事や出来事に絞った内容のものは不適切。ウ「週末にわたる学園祭」が適切。アは「学校での運動行事」，イは「教師たちと楽しく過ごしたこと」，エは「理科の研究で1等賞をとったこと」という意味。

問4　ア「エミが役者になることを怖がっていたので，観客たちは笑った」（×）　Aの段落最後の3文から，観客が笑ったのは喜劇がうまくいったからだったことがわかる。また，エミは最初役を演じるのを不安に思っていたが，実際はリラックスして演じることができた。　イ「エミは月曜日には学校がなく，終日家にいた」（○）　学園祭は土曜日と日曜日に行われたので，Bの段落の第2文にある the next day は月曜日。第2文は，「しかし翌日は学校がなく，私は終日家でくつろいだ」という意味。　ウ「学園祭で歌うことはエミが最も好きなことの1つだ」（×）　コーラスがエミの最も好きなことであるという記述はない。　エ「エミが速く走ったおかげで，彼女のチームは運動競技会で優勝した」（×）　Dの段落を参照。リレーではエミの活躍で優勝したが，大会全体ではエミの赤組は白組に負けた。

2 （正誤問題：比較，関係代名詞，時制，付加疑問文，不定詞）

(1) × of → ○ in 「ケンは私のクラスの中で最も良い野球選手のうちの1人だ」〈one of the 最上級＋名詞の複数形〉「最も～な（名詞）のうちの1つ」 最上級の範囲を示す前置詞としては in が適切。of は複数を表す語句の場合に用いる。

(2) × are looking → ○ were looking 「あなたが昨日探していたカギはその机の上にある」関係代名詞 that が導く形容詞節には yesterday とある。「昨日探していたカギ」とするためには，現在形 are ではなく過去形 were が適切。

(3) × never → ○ ever 「これは私がかつて人生で見た中で最も刺激的な映画だ」〈the 最上級＋名詞＋（that）S have[has] ever ＋過去分詞〉「S が～した中で最も…な（名詞）」 never では一度もしたことがないことになってしまうので誤り。

(4) × shall I →○ shall we 「次の週末は天気がよさそうです。一緒に釣りに行きませんか？」〈Let's ～，shall we?〉「いっしょに～しませんか」 Let's を用いた付加疑問文は文末に shall we を添える。Let's の付加疑問文を用いるのは，相手が自分の誘いにのってくることがだいたいわかっている場合。

(5) × choose →○ to choose 「図書館にはあまりに多くの本があったので，私はどの本を選ぶべきかわからなかった」 know の目的語として which book to choose を使う。〈which ＋名詞＋ to ＋動詞の原形〉「どの～を…すべきか」

3 （長文読解（説明文）：語句補充，語句解釈，内容吟味，正誤問題，内容一致）
（全訳）

スコットランドのようなところはどこにもない。

スコットランドは国の中にある国だ。それはグレート・ブリテン（イングランド・スコットランド・ウェールズ）の一部で，英国（イングランド・スコットランド・ウェールズ・北アイルランド）の一部でもある。

スコットランドはヨーロッパの北西にある。寒く曇っていることが多く，国のいくつかの地域では雨が多く降る。①しかし，スコットランド人は自分たちの国が大好きで，スコットランドに来る多くの人々もスコットランドが大好きだ。彼らは，北部の美しい丘や山々，海，800 あまりの島々，そして6つの街―エディンバラ，グラスゴー，アバディーン，ダンディー，インバネス，スターリング―を愛する。その国は特別で，②スコットランド人も特別だ。しばしば温かく友好的なのだ。

スコットランドにはおよそ 500 万人がいる。彼らのほとんどが南部に住んでいる。国の北部に住んでいる人々は多くない。

スコットランド人はスコットとも呼ばれる。スコットランド人は英国人だ，なぜならスコットランドはグレート・ブリテンの一部だからだ，しかしスコットランド人をイングランド人と呼んではいけない！ スコットランド人とイングランド人とは③異なる。

現在スコットランドの人はだれもが英語を話すが，かつてスコットランドの北部や西部の人々は英語を話さなかった。彼らは異なる言語を持っていた。④ゲール語と呼ばれる美しい言語だ。今は約6万人がゲール語を話す。しかしもっと多くの人々が暮らしの中でゲール語が使われることを望んでいる。

スコットランドはあまり暑い国ではない。夏は日の出ている時間が長く，暖かくなる。しかし冬は日の出ている時間がわずか7時間ほどで，よく雨が降る。

長年，スコットランドは貧しい国だったが，今は⑤ほとんどの人々にとって状況が良くなっている。スコットランドの近海に石油や天然ガスがある。エディンバラは金融にとって重要な場所で，大銀行がある。人々はスコットランドで作られる飲み物のスコッチウィスキーを飲み，それがスコットランドに大金をもたらす。観光客はこの美しい国を訪問し，このこともスコットランドにお金をもたらす。多くの人がそこで暮らしたり働いたりすることが大好きで，毎年2,000万人以上の訪問者がスコットランドに行く。

スコットランドは小さな国だ。わずか500万人がそこで暮らしている。しかし，スコットランドは他の国の多くの人々にとってとても大切だ。⑥これはなぜか？

1800年代，多くの人々がスコットランドを離れ，他の国へ行った。とても貧しく飢えていたため，人々は故郷を離れたのだ。

裕福な人々が彼らに出て行ってほしいと思った。スコットランド南部出身の他の多くの人々は，新しい国でのより良い暮らしを望み，出て行った。1820年代から1914年の間に，200万人以上がスコットランドから海を渡り，アメリカ，カナダ，オーストラリア，ニュージーランドへ行った。1920年代はさらに多くの人々が移住した。現在アメリカには600万人のスコットランド系アメリカ人がいる。毎年，4月6日のタータン・デーには多くの人々がニューヨークを行進する。たくさんのスコットランド系アメリカ人が観光客としてスコットランドへ帰る。彼らは自分たちの過去を知り，理解したいと思っている。

だから，スコットランドは他の国の物語においても重要なのだ。アメリカにおける2人の偉大なスコットランド人は，⑦アレクサンダー・グラハム・ベル（1847-1922）と⑧アンドリュー・カーネギー（1835-1919）だ。ベルは電話を発明した。彼は1877年にベル電話会社を設立して，1885年までにアメリカの15万人以上が電話を持っていた。1915年，彼はニューヨークからサンフランシスコへ，初めてのアメリカ横断通話をした。彼がカナダで75歳のときに亡くなると，北アメリカの全ての電話が彼を追悼するため，1分⑨間，音を止めた。

アンドリュー・カーネギーの家族は，彼が11歳のときにスコットランドを離れ，アメリカへ行った。カーネギーは一生懸命に働き，1880年代までに彼は多くのビジネスを手掛けて，とても裕福になり，世界一の富豪になった。仕事をやめたあと，彼は自分のお金を他の人々にあげた。カーネギーのお金で，アメリカ，英国，オーストラリア，ニュージーランド，アイルランドに，学校や大学やビルなどが建った。現在でも毎年，彼のお金が世界中の何百万もの人々を助けている。

多くのスコットランド人は外国へ行って新しいことをするのが好きだ。デビッド・リビングストーン（1813-1873）は，学校を創設してアフリカ人にキリスト教を⑩教えるために，アフリカに行った。彼は西から東へアフリカを横断した，最初の人物だった。アラン・ビーン（1932-）はスコットランド系アメリカ人だ。彼は月の上を歩いた史上4番目の人物として，1969年に月に行ったときにタータンを持って行った。スコットランド人は新しい場所へ行くのが好きなのだ！

現在，世界で最も有名なスコットランド人はだれか。多くの人々にとって，それは映画スターのショーン・コネリー（1930-）だ。⑪ショーン・コネリーは映画スターになる前に様々な仕事をした。そして1962年に，ジェームズ・ボンド映画の第1作で，ジェームズ・ボンドになった。彼はこのあと，どこでも有名になった。彼はさらに6作のジェームズ・ボンド映画に出て，その

後たくさんの映画に出た。

　スコットランドの将来はどうなるだろうか？　だれにもわからない。しかし美しく特別な場所であり続けるだろう。いつかあなたもその島へ旅行するかもしれない！

問1　全訳下線部参照。

問2　直後に often warm and friendly とある。

問3　第2段落参照。スコットランドとイングランドは共に英国に属する，異なる国。

問4・問5　直後の文参照。

問6　直後の2つの段落参照。

問7　下線部⑦を含む段落参照。

問8　下線部⑧を含む段落の次の段落参照。

問9　for ~ 「~間」

問10　直前に to があるので動詞の原形を入れて不定詞にする。

問11　誤りは2つ。do を did もしくは had done にする。an を a にする。

問12　全訳参照。

4　（和文英訳：助動詞，不定詞，関係代名詞，命令文，接続詞，間接疑問）

(1)　天候・明暗・時間・距離などを表すときは，日本語には訳さない主語として it を使う。〈may ＋動詞の原形〉で「~であるかもしれない」という意味になる。rainy は「雨降りの」という意味の形容詞。

(2)　「~しなければならない」の意味を過去の文にするときは had to ~ を用いる。「~するために」という意味を副詞的用法の不定詞〈to ＋動詞の原形〉で表す。

(3)　関係代名詞 whom を用いた文。the man is my uncle と you met him at the party yesterday をつなげた文を作る。him が whom にかわっている。この whom は省略してもよい。

(4)　「~しなさい」と命令する命令文は，主語のない動詞の原形で表す。before 以下は時を示す副詞節なので，未来の内容でも中の動詞は現在時制を用いる。天候・明暗・時間・距離などを表すときは，日本語には訳さない主語として it を使う。

(5)　Do you know? と Where does Jim live? を1つにした間接疑問文にする。where 以下は〈疑問詞＋主語＋動詞〉の語順になるので，where Jim lives とする。

5　（会話文読解：語句補充，条件英作文）

（全訳）

マサト：遊園地に行くことにとてもわくわくしているよ。乗り物に乗るのを待てないよ。

ルーナ：私もよ。見て。観覧車があるわ！　私，観覧車が大好きなのよ。頂上から全てを見渡せるわ。ロンドンや横浜で大きな観覧車に乗ったことがあるの。

マサト：それじゃあ，観覧車に乗りたいの？

ルーナ：そうよ。①あなたは何に乗りたいの？

マサト：ジェットコースターに乗りたいな。速くてわくわくするよ。

ルーナ：でも，1,000円しか持っていないわ。両方は乗れないわね。

マサト：僕もだよ。ワンデーパスは買えないね。待って。ウェブサイトに，チケットに1,000円
　　　　使うと，100円券を②12枚手に入れられると書いてあるよ。そうすると，両方乗れるね。

ルーナ：でも1枚残るわね。何しましょうか？

マサト：そうだね。君は観覧車が大好きだからそれに乗るのはどう？。そして③幽霊館に行って，
　　　　ティーカップで終えることができるよ。

ルーナ：いいわね。幽霊館は速くないけど，わくわくするし，少し怖いわね。ティーカップは速
　　　　くて楽しいわ。いい考えね。

マサト：問題ないよ。④全てのチケットを使うことができてうれしいね。明日行こうか？

ルーナ：うん。でももう一つあるわ。ウェブサイトには観覧車に乗るのに50分待たなければな
　　　　らないとあるわ。待っている間にひまつぶしをする何かを持っていった方がいいわね。
　　　　列に並んでいるときに楽しめるお菓子を持っていくわね。

マサト：いい考えだね。僕たちと乗り物を撮るデジタルカメラを持っていくよ。

ルーナ：いいわね。写真を使って，クラスメイトに⑤私たちがどれだけ遊園地を楽しんだか見せ
　　　　られるわね。明日，楽しみましょう！

---

(1)　①　このあとに，マサトが乗りたいものを答えていることから判断できる。　②　ウェ
　　ブサイトによると，100円券12枚は1,000円で買うことができる。　③　観覧車，幽霊館，
　　ティーカップに乗ることができる。　④　観覧車500円，ティーカップ300円，幽霊館
　　400円なので，100円券12枚全て使うことができる。　⑤　写真で自分たちや乗り物を撮っ
　　ているので，どれだけ楽しいかを伝えることができる。

(2)　ウェブサイトには観覧車の待ち時間が50分となっているので，we have to wait for
　　fifty minutes などと表現することができる。

不定詞を用いた表現①

▶ 〈疑問詞＋ to ＋動詞の原形〉　動詞の目的語になる。
　I know **how to get** there.
　「私は**どうやってそこへ行けばよいか**知っている」　SVO の文
　第4文型でも用いる。
　He told *me* **what to do** next.
　「彼は私に次に**何をするのか**教えてくれた」　SVOO の文

▶ 〈want ／ tell ／ ask ＋人＋ to ＋動詞の原形〉
　I **want** *you* **to come** here.　「私は**あなたにここへ来てほしい**」
　He **told** *me* **to hurry**.　「彼は**私に急ぐように言った**」

解 答

1 問1 ウ 問2 ウ 問3 ア 問4 エ 問5 エ

2 (1) エ (2) イ (3) ア (4) ウ (5) イ
(6) エ (7) ウ (8) ア (9) エ (10) ウ

3 (例) We are students. We must study. We must do sports. It is not important for us to think about our clothes. We don't have much time to think about our clothes.

4 (1) ③ (2) ④

5 (1) ウ (2) イ (3) ウ (4) ウ (5) ア
(6) ウ (7) ウ (8) エ (9) イ (10) エ

配点 1 各4点×5 2 各4点×10
3 10点 4 各5点×2
5 各2点×10 計100点

解 説

1 (長文読解(説明文):英問英答)

(全訳)

　今では，カナダの有名な野球チームであるバンクーバー朝日について，聞いたことがある人も多いだろう。それは，1913年にハリー宮崎という名の男性によって創設された。ハリーは白人系カナダ人と日系カナダ人の仲が良くないことを危惧していた。白人たちは白人居住区に住み，日本人は日本人居住区に住んでいて，彼らは実際に会うことがなかった。彼らは違う言語を話し，違う食べ物を喜んで食べ，違う新聞を読んでいた。しかし彼らには1つ共通点があった。共に野球が大好きだったのだ。

　ハリーは，白人のチームと試合できる日本人の野球チームを始めたら，白人と日本人が顔を合わせることができ，もしかしたらもっと仲良くなるかもしれない，と考えた。

　最初，バンクーバー朝日はあまりうまくいかなかった。白人選手たちは日本人選手たちよりもずっと大きく強かった。日本人が体を使って勝つことができないならば，頭を使う必要がある，とハリーは悟った。彼は「頭脳野球」と呼ばれる野球のスタイルを確立した。彼の選手たちは試合に勝つために，強打の代わりにバントや俊足を利用した。それが功を奏し，3年のうちに朝日軍はリーグ最下位から優勝に至った。そのことで白人のコミュニティーと日本人のコミュニティーの関係も良くなった。

　当然最初は，朝日軍は日本人ファンしかいなかった。しかし彼らが優れた野球の能力を披露す

ると，白人，黒人，中国人のファンも獲得するようになった。だれもが日本人選手たちの能力に敬意を示すようになった。

現在，新しいバンクーバー朝日軍には日本人だけでなく，あらゆる人種の，様々な生い立ちを持つ選手が在籍している。

カナダが全てのカナダ人が仲良くできる場所になるように，というハリーの夢はゆっくりと実現し始めている。

問1　「第3段落の最後の文にある relations という単語の意味に最も近いものはどれか」relation は「関係」という意味。　ア「家族」（×）　イ「外交」（×）　ウ「連絡を取ること，交際」（〇）　エ「人々」（×）

問2　「日本人選手が抱える問題は何であったか」　ア「最初のうち，日本人選手たちは野球が好きではなかった」（×）　イ「彼らは法律によって，バンクーバーに住むことができなかった」（×）　ウ「白人と同じくらい強くボールを打つことができなかった」（〇）第3段落第2文と第5文参照。屈強な白人選手の強打に負けないよう，頭脳野球が考えだされた。　エ「良いユニフォームを入手することに問題があった」（×）

問3　「ハリーはなぜチームを始動したのか」　ア「日本人と白人が仲良くやっていくための助けとするため」（〇）第2段落参照。　イ「日本人が頭脳野球をするのを助けるため」（×）　ウ「白人と日本人をもっと近くで一緒に生活させるため」（×）　エ「日本人のチームのファンを増やすため」（×）

問4　「第4段落を読むことから，何を理解することができるか」　ア「しばらく経っても，そのチームには日本人のファンのみだった」（×）　イ「しばらくすると，そのチームには多くのさまざまな生い立ちの選手がいた」（×）　ウ「しばらくすると，チームには中国人ファンしかいなかった」（×）　エ「しばらくすると，チームには多くのさまざまな生い立ちのファンがいた」（〇）　第4段落第2文参照。

問5　「新しいバンクーバー朝日軍にいないと予想される選手はどのような種類か」　ア「黒人」（×）　イ「白人」（×）　ウ「日本人」（×）　エ「上記のいずれでもない」（〇）第5段落参照。

2　（長文読解（物語文）：内容吟味，語句解釈，英文和訳）
（全訳）

私は足の痛みで泣き出した。ベル先生は靴を脱ぐように言った。でも私はそうしなかった。「もし脱いだら，先生も他の人も，私の古い靴下に開いた穴を見てしまう」と私は思った。

「それなら，来なさい。事務室の中に行きましょう」

(1)私たちの後ろに，私の友達たちが長い列を作った。ベル先生は彼らに「グラウンドにいなさい」と言った。私は必死に涙をこらえた。でも何かが刺さる度に，私は「あっ，あっ，あっ！」と言った。私は泣きたかった。

校長のスチュワート先生が事務室に入ってきた。

「どうしたんだい？」と彼は尋ねた。

「何かが彼女の右足を刺しているんです，でも彼女は靴を脱ぎたがらなくて」とベル先生が言った。

私は彼の机の上に座っていた。「見せなさい」　彼は靴を脱がせようとした。そして私は穴を見た。(2)私は靴を引っ張って，ギュッと握りしめた。その度に私は足に痛みを感じた。

「どうして靴を脱ぎたがらないんだい？」　スチュワート先生が尋ねた。そして私からベル先生に視線を移し，また私に視線を移した。(3)次に何をすべきか彼はわからなかった。

もう1人の先生，ウォンブル先生が事務室に来た。「お手伝いしましょうか？　私は彼女を知っています，彼女は私の隣に住んでいるんです」

「靴の中にアリがいて刺していると思うのですが，彼女は靴を脱ぎたがらなくて」とベル先生が言った。

ウォンブル先生は素晴らしい人だった。ときどき私たちと一緒に遊んでくれた。(4)彼女は私の肩にそっと両手を置き，赤くなった私の目を見た。

「そうだ」　彼女はまるである事実を思い出したかのように言った。「私もそういうアリに刺されたことがあるの。靴下を食べるアリを知っている？　私は靴を脱ぐ前に，そのアリに靴下の底のほとんど全部を食べられてしまったのよ」(5)彼女は頭を上下に振り，他の2人の教師を見た。「靴下を食べるアリに違いないわ」

彼らもまるで(6)同じ経験があるかのように，頭を上下に振った。

「ここで見せて」　彼女は私の靴を脱がせ，私の足を見た。「私の思った通りよ！　靴下アリが靴下の一部を食べてしまっているわ」

そのとき，2匹の赤いアリが床の上に落ちた。2匹は壁のほうへ逃げたが，スチュワート先生の靴が仕留めた。

ベル先生が薬箱からアルコールをしみこませた脱脂綿を取った。そしてそれを私の足の上にのせた。「もう大丈夫だと思うわ」と彼女は言った。

チャイムが鳴った。「授業の時間だ」　スチュワート先生が言った。彼とベル先生は仕事に戻った。

「よく耐えたわね。この靴はここに置いて，しばらく靴下は脱いでおくべきだと思うわ」と彼女は言った。「放課後私を待っていなさい。一緒に家に歩いて帰りましょう」

(7)自尊心は素晴らしいものになりうるが，時として悪いものにもなりうる。ウォンブル先生が(8)靴下を食べるアリの話で私の自尊心を守ってくれたのだと，私はわかっていた。

私がどんな気持ちでいるか，彼女は知っていた。私はただ，自分の貧しさを見せたくなかったのだ。

この優しくて理解のある教師は，私に(9)思いやりの教訓を教えてくれた。そして私は37年間の教職の中で，努めてその教訓を使っている。

---

(1)　「筆者の友達たちは＿＿＿＿＿ベル先生と筆者の後ろに長い列を作った」が，長い列を作ったのは何が起きたのか見たかったからである。

(2)　「下線部(2)から何がわかるか」靴を脱ごうとしなかったのは，靴下の穴を見られたくなかったからである。

(3)　スチュワート先生は，靴下の穴のことを知らないからどうしていいのかわからなかった。

(4) 「下線部(4)から何が言えるか」このあと，ウォンブル先生が「ある真実を思い出したように」話していることから，事情を察したことがわかる。

(5) 「下線部(5)は何を示しているか」他の2人の先生のことを見ているのは，同意を求めているからである。

(6) 「下線部(6)はどのような経験だったか」「同じ経験」は，ウォンブル先生が以前アリに靴下を食べられた経験を指している。

(7) 「下線部(7)はどういう意味か」靴下の穴を見られたくないという自尊心のせいで，筆者は痛い思いをした。

(8) 「下線部(8)は何か」靴下を食べるアリの話は，筆者を守るために作った作り話である。

(9) ウォンブル先生の行動は，筆者の自尊心を守るための「思いやり」からきたものである。

(10) 最終文参照。「筆者(の職業)は現在何か」37年間教えていることから，筆者は教師であるとわかる。

3 （自由英作文）
　自由英作文を書くときには，自分のよく知っている例文の単語だけを変えてみる，などやさしい文を作るように心がけるとよい。長い文章はミスをするポイントも増えるので避けた方がよい。

（解答例全訳）　私たちは学生だ。私たちは勉強しなくてはならない。私たちはスポーツをしなくてはならない。私たちにとって自分たちの衣服について考えることは重要ではない。私たちには自分たちの衣服について考える時間はあまりない。

4 （文整序）
(1) ④「私はギターを弾くのが好きです」→①「私は6歳のときにギターのレッスンを始めました」→③「それ以来，私はギターをとても一生懸命練習してきました」→②「今，それは私の人生の非常に重要な部分です」

(2) 英語はヨーロッパの一部，アメリカ，アジア，アフリカ，オーストラリア，ニュージーランド，そして大西洋，インド洋，太平洋のいくつかの島々で今日話されている。ウ「それは3億7千万から4億人によって第一言語として話されている」→ア「それはまた，同様の人数で第二言語として，さらには何億人もの人々にも外国語として使用されている」→エ「おそらく英語は何らかの形で世界のすべての人の約4分の1で使われている」→イ「非常に多くの人々が非常に多くの場所で英語を話したり使ったりするので，しばしば『世界言語』と呼ばれる」

5 （適語補充：疑問詞，副詞，比較，前置詞，不定詞，文型，関係代名詞）
(1) 「これはだれの時計ですか？」「私の母のものです」〈Whose＋名詞＋is～?〉「～はだれの…ですか」

(2) 「昨晩はよく眠れましたか？」 sleep well「よく眠る」であり，well は動詞 sleep を修飾する副詞。have a good sleep も「よく眠る」だが，この場合の good は名詞 sleep を修飾する形容詞である。

(3) 「彼は私と<u>同じくらいたくさんの</u>本を持っている」　この文の骨組みは，He has many books であり，この骨組みとなる文に as ～ as I という同等比較を組み込んでいる。組み込むときには骨組みとなる文の語順を変えず，He has <u>as</u> many books <u>as</u> I. とする。

(4) 「彼女は教室で友人<u>と</u>話をしている」　talk with ～「～と話をする」

(5) 「トムは 4 月<u>に</u>オーストラリアからやって来た」「～月に」という場合は，前置詞 in を用いる。

(6) 「彼は，彼の兄と同じ本を<u>ほしがっている</u>」　want「ほしい，ほしがる」は，動作ではなく状態を表す動詞なので，進行形にすることはできない。

(7) 「この新しいスマートフォンは，<u>とても</u>高いので買えない」〈too ＋形容詞または副詞 ＋ to ＋動詞の原形〉「とても～なので…できない」

(8) 「彼は，生徒たちに物語の本を<u>読んであげた</u>」　空所に入る動詞の後ろには，his students と a story book という 2 つの語句が並んでいる。このように，〈動詞＋目的語 1 ＋目的語 2〉のような文型をとることができる動詞は，選択肢の中では read のみ。read A B「A に B を読んでやる」

(9) 「向こうに見えるあの建物は，私たちの学校だ」　which you can see over there は，That building を修飾する目的格の関係代名詞節。先行詞 That building は，You can see <u>that building</u> over there のようにもともと目的語だったので，ものを表す目的格の関係代名詞として使用できる which を選ぶ。

(10) 「私たちを助けてくれてありがとう」「どういたしまして」　My pleasure. や It's my pleasure. で「どういたしまして」という意味になる。pleasure はもともと「楽しみ，喜び」という意味。

不定詞を用いた表現②

▶ 〈too ～（for ＋人）＋ to ＋動詞の原形〉
「(人が) …するにはあまりにも～，～すぎて (人には) …できない」
This tea is **too** *hot* **to drink**.「この紅茶は熱**すぎて飲めない**」
to drink の前に for me を入れると「私には飲めない」の意味になる。

▶ 〈～ enough（for ＋人）＋ to ＋動詞の原形〉「(人が) …するのに十分～」
He is *old* **enough to drive** a car.「彼は車の**運転ができる**年齢だ」
enough は「十分なほど」の意味で old を修飾している。

▶ 〈It is ～（for ＋人）＋ to ＋動詞の原形〉「…することは (人にとって) ～だ」
It is *necessary* **for** *you* **to study** every day.
「毎日**勉強すること**があなた**には**必要だ」
It は形だけの主語 (形式主語)。to study 以下が意味の上での主語 (真主語)

解　答

1　A　(1) ウ　　(2) イ　　(3) ア　　(4) ア
　　B　(5) ア　　(6) イ　　(7) ア　　(8) エ
2　問1　ア　　問2　ア　　問3　イ
　　問4　(A) ウ　　(B) イ　　(C) ウ　　(D) エ　　(E) イ　　問5　カ
3　(1) difference　　(2) daughter　　(3) left　　(4) hottest
4　(1) ア　　(2) エ　　(3) イ　　(4) エ　　(5) エ
5　(例)　I agree.　For junior high school students, talking with their friends face to
　　face or playing with them outside is more important than using a smart phone.

配点　1　各4点×8
　　　2　問4　各4点×5　　他　各3点×4
　　　3　各2点×4　　4　各4点×5
　　　5　8点　　計100点

解　説

1　(長文読解(スピーチ原稿，説明文)：英問英答)

(全訳)

　A　今日は，地元のショッピングセンターの料理店についてあなた方に話します。そのショッピングセンターにはフードコートに8つの店があります。私は店の所有者に彼らの売上高について尋ねました。私は4人の所有者から資料を得ることができました。グラフを見てください。それはそれぞれの季節の店の毎月の売上高の平均を示しています。分かるように，売上高は1年の間にとてもよく変わります。たとえば，ジェーンズ・アイスクリームの売上は7月から9月に最も高いですが，他の季節にはそれほど高くありません。7月と8月，9月は最も暑い月なので，私はだからその店には高い売上があったのだと思います。しかしながら，ABCピザの売上は夏には4店の中で最も低かったですが，夏のあとに増加しました。人々はクリスマスの季節の間にたくさんのピザを食べる，と所有者は言いました。デリシャス・バーガーの売上は多くの月で他の店よりも高いですが，夏にはアイスクリーム店のより低いです。その店は高校生にとても人気がありますが，夏休みの間，彼らはあまりバーガーを食べに来ないのだ，と私は思います。スパイシー・チャイニーズは1年の間，変化が最も小さかったです。

(1)　「話し手は売上高の資料をフードコートの（　　）から得た」　ア　「すべての店」（×）
　　　イ　「ほとんどすべての店」（×）　ウ　「店の半分」（○）　第2・4文参照。全部で8店あ

る中の 4 店だから，半分である。　エ　「店の約 4 分の 1」（×）

(2)　「グラフの店 B は（　　）である」　ア　「ジェーンズ・アイスクリーム」（×）　イ　「ABC
ピザ」（○）　第 10・11 文参照。グラフ B は 7 月から 9 月，つまり夏に売上が 4 店の中
で最も低い。　ウ　「デリシャス・バーガー」（×）　エ　「スパイシー・チャイニーズ」（×）

(3)　「グラフは私たちに（　　）の売上高は 10 月から 12 月は 4 店の中で最も低いと示す」
ア　「ジェーンズ・アイスクリーム」（○）　第 8 文参照。10 月から 12 月の売上高が最も
低いのは店 D で，7 月から 9 月の売上が最も高いことから，店 D はジェーンズ・アイス
クリームである。　イ　「ABC ピザ」（×）　ウ　「デリシャス・バーガー」（×）　エ　「ス
パイシー・チャイニーズ」（×）

(4)　「店 A の売上は，7 月から 9 月は（　　）ので他の月よりも低い」　ア　「より少ない
生徒が店に来る」（○）　最後から 3・2 文目参照。7 月から 9 月に売上が低い店 A はデリ
シャス・バーガーである。　イ　「それらは最も暑い月である」（×）　ウ　「人々にはフー
ドコートを訪れる十分な時間がない」（×）　エ　「辛い食事は夏には人気がない」（×）

(全訳)──

B　コウテイペンギンは世界中の 17 種類のペンギンの中で最も大きい。彼らは独特の方法で家
族を作る。初めに，彼らはパートナーを見つけるのに数週間を使い，それから，メスのコウテ
イペンギンは 4 月か 5 月に 1 個のタマゴを産む。驚いたことに，母親ペンギンはそれらの世話
をすることなく，タマゴを放っておくのだ。タマゴの父親は彼らの足の上にそれらを載せ，彼
らの抱卵嚢でそれらを覆う。それはタマゴを安全にしておけるくらい十分に温かい。父親は寒
い気温や強い嵐の中でさえ，食べることなく，タマゴを持って約 60 日間立ったままでいる。
それから，赤ちゃんが産まれ，母親は海から帰る。彼女らは彼女らのおなかの中に食べ物を入
れておき，それを赤ちゃんペンギンに与える。それから，父親ペンギンは彼ら自身の食べ物を
得るために海へ行き，母親が赤ちゃんペンギンの世話をする。12 月には，赤ちゃんペンギンは
海へ行き，食べ物の魚を捕れるくらい十分な月齢になる。

──

(5)　「1 羽のメスのコウテイペンギンは 1 度に何個のタマゴを産むか」　ア　「たった 1 個の
タマゴ」（○）　第 3 文参照。　イ　「2 個か 3 個のタマゴ」（×）　ウ　「7 個のタマゴ」（×）
エ　「17 個のタマゴ」（×）

(6)　「タマゴが産まれたあと，父親ペンギンは何をするか」　ア　「父親は海で魚を捕りに
行く」（×）　イ　「父親はタマゴを温かくしておく」（○）　第 5・6 文参照。　ウ　「父親
はたくさんの食べ物を食べる」（×）　エ　「父親は新しいパートナーを探す」（×）

(7)　「どれが本当か」　ア　「父親ペンギンはそれらの誕生の前に彼らのタマゴと 2 ヶ月を
過ごす」（○）　第 7・8 文参照。　イ　「世界には 20 種類より多いペンギンがいる」（×）
第 1 文参照。17 種類である。　ウ　「12 月には赤ちゃんペンギンは食べ物の魚を捕るに
は幼すぎる」（×）　最終文参照。十分な月齢になっているのである。　エ　「コウテイペ
ンギンがパートナーを見つけるのに数日かかる」（×）　第 3 文参照。数週間を使うので
ある。

(8)　「この一節に最も良い題はどれか」　ア　「コウテイペンギンと他のペンギンの違い」
（×）　イ　「コウテイペンギンの興味深いからだの特徴」（×）　ウ　「コウテイペンギンは

どのようにパートナーを見つけるか」（×）　エ　「コウテイペンギンはどのように彼らの赤ちゃんの世話をするか」（○）　表題は筆者の最も言いたいことを表し，それは文の始めと終わりの部分に書かれることが多い。ここでは，最終文にある通り，「赤ちゃんペンギン」の世話をするコウテイペンギンについて述べているのである。

2　（長文読解：要旨把握，語句解釈，内容吟味，英問英答）
（全訳）

　あなたが海の真ん中にある島にいると想像しなさい。だれ一人いない。店もない。スーパーマーケットもレストランも全くない。あなたは何を食べるだろうか？　あなたは何を飲むだろうか？　どうやって家が作れるだろうか？　船は？　あるいはカップや鉢などの簡単なものは？　まあ，運が良ければ，自分はココナッツの木がある島にいるとわかるかもしれない。ココナッツの木はこうしたものすべてやそれ以上のものを与えてくれる。だから，ココナッツの木は「生活の木」と呼ばれることが多い。

　初めに，ココナッツの木の見た目はどのようなものか？　まず，ココナッツの木には幹から成長する枝がない。長くてまっすぐな幹があるだけだ。木の最上部には大きな扇型の葉がある。木は30メートルほどの高さに成長し，葉は6メートルほどの長さになる。木の最上部にある大きな葉っぱの真下には，2キロほどの重さの大きな丸い実がある。木はヨーロッパを除く，主にアジア，アフリカ，中南米，太平洋の島々で見られる。

　ココナッツの木はどこでその変わった名前がついたのだろうか？　その名前は実はスペイン語に由来する。昔のスペイン人の探検家たちが，約500年前にグアムやフィリピンで初めて見たこの木について最初に書いた。大きな実は人間の頭のように見えると彼らは思った。頭を表すスペイン語は「ココ」なので，彼らはそれを「ココナッツ」と呼んだ。

　この初期のスペイン人探検家たちは，いかに現地の人々がさまざまなものにこの木を利用できているかを見て驚いた。たくさんあるココナッツの木の利用法をざっと見てみよう。

1．食品

　ココナッツは食べられる。固い外側の殻ではなく，実の中心近くにあるココナッツの柔らかい部分である。この部分は柔らかくて白く，殻からすぐに食べられるし，あるいはカレーなど他の料理を作るのに使われる。食べておいしいだけでなく，大変健康にも良い。

2．飲み物

　実の真ん中にはココナッツ水がある。健康に大変良くて，運動をする人々に人気がある。ココナッツから直接飲むこともできる！

3．油

　ココナッツの内側の柔らかい部分に油の一種がある。乾燥した肌や髪，そして日焼け用に使われる。料理で健康に良い油としても使用される。

4．鉢，カップ，スプーン

　殻は鉢やカップを作るのに使われる。少し手を加えると，殻は料理や食事に必要なスプーンや他の役立つものになる。

5．音楽

　殻を半分に切って皮革で覆って，小さなドラムを作ったり，ギターやバイオリンの一部を作る

ことができる。沖縄，中国，フィリピン，ベトナムなどの場所でこうしたものをよく見かける。木の幹は遠く離れた場所から聞こえるドラムを作るためにさまざまな大きさに裁断される。それらは，島の人々が遠く離れている人々とコミュニケーションを取るために使われる。

6. ロープ，糸

ココナッツの外殻は糸を作るのに使われ，そしてその糸で漁網が作られる。また，ココナッツの糸を他の糸とより合わせて，多くのものに利用される大変丈夫なロープが作られる。

7. 燃料

外殻は乾燥させてから，火をおこす燃料として利用される。また，ココナッツの殻でおこした火から出る煙は，蚊やその他の昆虫を寄せつけない。

8. 家を作る

ココナッツの木は他の数多くの木ほど固くないので，簡素な石の道具を使って細長く切り裂くことができる。これらの断片は多くのものや家さえも作るのに利用される。ココナッツの木の長い葉は屋根や壁を作るのに利用される。ただ木の枠の上に葉を並べて置くだけである。ココナッツの糸で葉を枠に結び付けると，雨をしのぐ大変便利な屋根や風を遮る壁ができる。

9. 便利品

ココナッツの木の長い葉をはがして編み込むと，大変丈夫で長期間使えるかごを作ることができる。また，葉は傘や床のマットや衣類すら作るのに利用される。

10. 移動用具

おそらくココナッツの木の利用法で最も重要なものは，島から出るために使われるいかだを作ることだろう。最も簡単なのは，ココナッツのロープから網を作って，網にココナッツを詰める方法だ。ココナッツは浮き，網の中に入ったままなので，あなたはその網の上で浮かぶことができる。お腹がすいたらココナッツを食べることができる！ 長距離の移動を計画しているのならば，ココナッツの木からより大きないかだが作れる。ただココナッツのロープで木を束ねるだけだ。そして，ココナッツの木の葉から帆を作る。ハワイやタヒチの人々はこのいかだを使って，太平洋の大部分を漂流した。彼らは一緒に豚を運びさえもした！

ご覧の通り，ココナッツの木は多くの人々にとってまさに「生活の木」である。多くの利用法があり，いつかあなたの命を救うかもしれない！

問1　第2段落第2文参照。「ココナッツの木には幹から成長する枝がない」とある。

問2　unusual は「変わった，変な」という意味。よってアの strange「変わった，変な」が適切。

問3　ア（○）第4段落10の第2文参照。イ（×）そのような記述はない。ウ（○）第4段落10の最後から3文目参照。エ（○）第4段落10の最後から2文目参照。オ（○）第4段落10の第4文参照。カ（○）第4段落10の第5文参照。

問4　(A)「なぜココナッツの木は『生活の木』と呼ばれているのか？」 ア「なぜなら，多くの動物や花に生命を与えるから」（×） イ「なぜなら，生命に満ちた美しい木だから」（×）　ウ「なぜなら，多くの点で人々の役に立てるから」（○）第1段落最後から2文目・最終文参照。　エ「なぜなら，ココナッツの木の上に多くの生物がいるから」（×）

（B）「なぜスペイン人探検家たちは，実のついた木を『ココナッツ』の木と呼んだのか」ア「なぜなら，彼らはココナッツを食べるのが好きだったから」（×）　イ「なぜなら，実が人間の頭と似ているから」（○）第3段落最後から2文目，最終文参照。　ウ「なぜなら，彼らはココナッツの木を登る多くの人々の頭を見たから」（×）　エ「なぜなら，島の人々が『ココナッツ』と呼んでいたから」（×）　（C）「ココナッツはどうやって乾燥肌の人の役に立てるのか」　ア「ココナッツの殻は肌の薬として使われる」（×）　イ「殻の内側は衣類を作るのに使われる」（×）　ウ「ココナッツの内側に役に立つ油がある」（○）第4段落3の第1・2文参照。　エ「ココナッツの木の葉は薬を作るのに使われる」（×）　（D）「次のうち，ココナッツの外殻の利用法に当てはまらないものはどれか」　ア「糸を作るのに使われる」とイ「ロープを作るのに使われる」は第4段落6に，ウ「蚊を寄せつけないために使われる」は第4段落7にそれぞれ記述がある。第4段落9の第1文参照。ココナッツの外殻が，エ「かごを作るのに使われる」という記述はない。　（E）「ココナッツの木の長い葉はどうやってあなたを温かい状態に保てるのか」　ア「網を作るのに使われる」（×）　イ「衣類を作るのに使われる」（○）　第4段落9の最終文参照。ウ「傘を作るのに使われる」（×）　エ「靴を作るのに使われる」（×）
問5　カ（○）第4段落8の第3文参照。　ア～オは，本文中にそのような記述はない。

3　（語彙：名詞，反意語，時制，比較）
(1)　「形容詞－名詞」の関係。different「違った」の名詞形は difference「違い」
(2)　反意語の関係。son「息子」の反意語は daughter「娘」
(3)　「動詞の原形－過去分詞」の関係。leave の過去分詞は left。
(4)　「形容詞の原級－最上級」の関係。hot の最上級は hottest。

4　（同意文書き換え：関係代名詞，助動詞，比較，時制，現在完了）
(1)　「ハリスは私の友人で，彼の父親は医者だ」「私は，名前がハリスで父親が医者の友人がいる」
(2)　「ビルは飛行機でフランスへ行くかもしれない」　助動詞 may, might で「～かもしれない」，fiy to ～で「（飛行機で）～へ行く」という意味になる。
(3)　「ジェーンはかつてほど水泳が上手でない」「ジェーンは今より上手に泳いだ」
(4)　「ティムはそこへ行って以来亡くなっている」「ティムはそこへ行ったときに死んだ」
(5)　「ウィリアムの部屋には花がたくさんある」「～がある」は〈There are[is]＋名詞〉または have を使って表すことができる。

5　（条件英作文）
（解答例の訳）「私は賛成だ。中学生にとって，面と向かって友達と話したり，彼らと一緒に外で遊ぶことは，スマートフォンを使うことより大切だ」「中学生はスマートフォンを持つべきではない」というテーマについて，賛成か反対のどちらかの立場をはっきり示して，そのあとにその理由を述べる文を続ける。反対の立場を選んだ場合は，「スマートフォンは大変便利で，調べ物をするときにインターネットが使える」などを理由として述べてもよい。

60 第1回 解答用紙

1

問1	問2	問3	問4	問5
問6	問7			

2

問1	問2	問3	問4	問5

3

(1)	(2)

4

(1)	(2)	(3)
(4)	(5)	

5

	3番目	6番目
(1)		
(2)		
(3)		
(4)		
(5)		

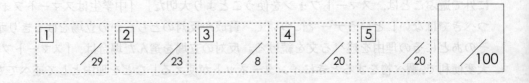

1	2	3	4	5	
/29	/23	/8	/20	/20	/100

1

問1 ① ② ③

問2　問3 (3番目)　(5番目)

問4

問5

問6 (ア)　.
　　(イ) But　.

2

問1　問2　問3　問4

問5 [A]　[B]　[C]　問6

問7

問8

問9

3

(1)　(2)　(3)

4

(1)　(2)　(3)　(4)　(5)
(6)　(7)　(8)　(9)　(10)

5

(1)　(2)　(3)　(4)

1 ∕33　2 ∕29　3 ∕6　4 ∕20　5 ∕12　∕100

1

| 問1 | (1) | (3) | (5) | (10) | (12) | (13) | |
| 問2 | | 問3 | (4) | (16) | 問4 | | |

問5
| (7) | ① | ② | ③ |
| (14) | ① | ② | ③ |

| 問6 | 問7 |

2

| (1) | (2) | (3) | (4) | (5) |

3

| (1) | (2) | (3) |
| (4) | (5) | |

4

(1)	(2)
(3)	(4)
(5)	
(6)	

5

| (1) | (2) | (3) | (4) | (5) |

| 1 /37 | 2 /15 | 3 /15 | 4 /18 | 5 /15 | /100 |

1

問1		問2	

問3	

問4	

問5		問6	

問7		問8		問9		問10	

2

問1	

問2	→ 　 → 　 → 　 →

問3	① 　 ② 　 ③

3

(1)		(2)		(3)		(4)		(5)	

4

(1)		(2)		(3)		(4)		(5)	

5

(1)		(2)		(3)		(4)	

1 /40	2 /19	3 /10	4 /15	5 /16	/100

1

問1	A		B		C	

問2									

問3	

問4		問5	

問6	(考え)	
	(理由1)	
	(理由2)	

2

(1)		(2)		(3)	

3

(1)		(2)		(3)	

4

	記号	正しい形
(1)		
(2)		
(3)		
(4)		
(5)		

5

	(1)		(2)		(3)	
	(4)					

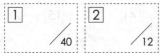

1　／40　2　／12　3　／12　4　／20　5　／16　／100

1

(1)		(2)	

2

問1		問2		問3		
問4	(最初)			(最後)		
問5						
問6	(1)		(2)		(3)		(4)

3

問1		問2		問3		問4		問5	

4

(1)		(2)		(3)		(4)		(5)	

5

(1)		(2)		(3)		(4)		(5)	

1

	問1	(1)		(2)		問2	(1)		(2)	

2

(1)		(2)		(3)	

3

問1		問2		問3		問4		問5	
問6		問7		問8	

4

問1	1		2		3		問2	ア		イ	
問3	(1)		(2)		(3)		(4)	

5

(1)	(a)		(b)		(2)	(a)		(b)	
(3)	(a)		(b)		(4)	(a)		(b)	
(5)	(a)		(b)		(6)	(a)		(b)	

第1回　第2回　第3回　第4回　第5回　第6回　第7回　第8回　第9回　第10回

解答用紙

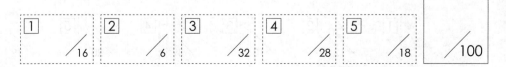

1	/16	2	/6	3	/32	4	/28	5	/18	/100

1 | 問1 | | 問2 | | 問3 | | 問4 | |

2 | (1) | | (2) | | (3) | | (4) | | (5) | |

3
問1		問2		問3		問4		問5	
問6		問7		問8		問9		問10	
問11		問12			

4
(1)	
(2)	
(3)	
(4)	
(5)	

5
| (1) | ① | | ② | | ③ | | ④ | | ⑤ | |
| (2) | |

| 1 | /12 | 2 | /10 | 3 | /39 | 4 | /20 | 5 | /19 | | /100 |

1
問1		問2		問3		問4		問5	

2
(1)		(2)		(3)		(4)		(5)	
(6)		(7)		(8)		(9)		(10)	

3

_____

_____

_____

_____

_____

So we need school uniforms.

4
(1)		(2)	

5
(1)		(2)		(3)		(4)		(5)	
(6)		(7)		(8)		(9)		(10)	

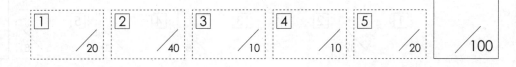

1 /20	2 /40	3 /10	4 /10	5 /20	/100

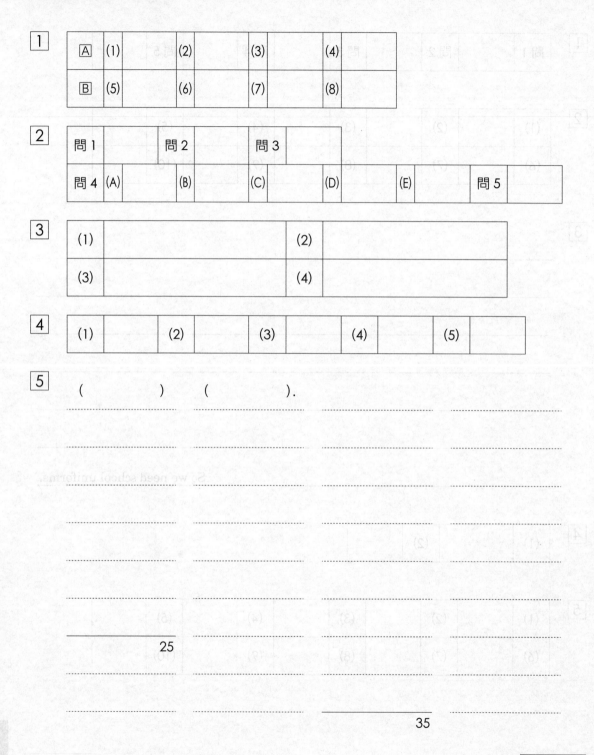

1

A	(1)	(2)	(3)	(4)
B	(5)	(6)	(7)	(8)

2

問1		問2		問3					
問4	(A)	(B)	(C)	(D)	(E)	問5			

3

(1)		(2)	
(3)		(4)	

4

(1)	(2)	(3)	(4)	(5)

5

( ) ( ).

25

35

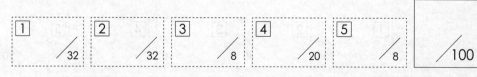

1 /32	2 /32	3 /8	4 /20	5 /8	/100

高校入試実戦シリーズ

実力判定テスト10 改訂版　英語　偏差値60

2020年 5 月13日　初版発行
2022年10月 5 日　 3 刷発行

発行者　佐藤　孝彦

発行所　東京学参株式会社
　　　　〒153-0043　東京都目黒区東山2−6−4
　　　　URL　　http://www.gakusan.co.jp/

編集部　TEL　　03 (3794) 3002
　　　　FAX　　03 (3794) 3062
　　　　E-mail　hensyu2@gakusan.co.jp

※本書の編集責任はすべて弊社にあります。内容に関するお問い合わせ等は、編集部
　まで、なるべくメールにてお願い致します。

営業部　TEL　　03 (3794) 3154
　　　　FAX　　03 (3794) 3164
　　　　E-mail　shoten@gakusan.co.jp

※ご注文・出版予定のお問い合わせ等は営業部までお願い致します。

印刷所　株式会社ウイル・コーポレーション

ISBN 978-4-8141-1666-9